BESTSELLERAUTORIN

Anjana Gill

DIE PERFEKTE WUNSCH FORMULIERUNG

Der Teufel steckt im **Detail**

Omega

MIX
Papier aus verantwortungsvollen Quellen
FSC® C014138
www.fsc.org

Omega-Verlag ist ein Imprint des Verlages »Die Silberschnur« GmbH

ISBN: 978-3-96933-010-4

1. Auflage 2021 2. Auflage 2022 3. Auflage 2023

Gestaltung & Satz: XPresentation, Güllesheim
Umschlaggestaltung: XPresentation, Güllesheim; unter Verwendung verschiedener Motive von © KatyaKatya und © redchocolatte, stock.adobe.com; © pixabay.com; © freepick.com
Druck: Finidr, s.r.o. Cesky Tesin

Verlag »Die Silberschnur« GmbH · Steinstr. 1 · 56593 Güllesheim
www.silberschnur.de · E-Mail: info@silberschnur.de

Inhaltsverzeichnis

Einleitung

Weißt du, woran es liegen könnte, dass sich der ein oder andere Wunsch noch nicht erfüllt hat?

An der Formulierung.

Mittlerweile wissen wir alle, dass man sich nicht einfach ins Wohnzimmer stellen kann und fröhlich vor sich hin wünschen kann, wenn man die Traumwohnung, den Traumpartner oder den Traumjob auch wirklich in sein Leben ziehen will.

Damit wir die Erfüllung in unser Leben ziehen können und der »himmlische Lieferservice« liefert, muss unser Wunsch richtig und treffend formuliert sein. Und genau daran scheitern die meisten.

Ist unser Wunsch nicht richtig oder gar falsch formuliert, zieht er womöglich etwas in unser Leben, das wir gar nicht haben wollten. Oder er verpufft irgendwo zwischen den Sternen ...

Aber wahrscheinlich fragst du dich jetzt: Wie formuliert man dann richtig? Wie sieht die perfekte Wunschformulierung denn aus? Und wie formulieren wir unseren Wunsch so, dass das Universum uns genau das Richtige liefert?

Dazu gibt es Unmengen an Regeln und Tipps, und es ist wirklich gar nicht so einfach, sich in diesem Ratgeberdschungel zurechtzufinden. Das meiste davon ist aber reine Theorie oder verwirrt uns oft nur noch mehr.

Aber genau das ändern wir nun. Wir formulieren unseren Wunsch ab jetzt so, dass der »himmlische Lieferservice« genau weiß, was zu tun ist …

Teil I

Ein bisschen Theorie muss sein …

10 Regeln für die perfekte Formulierung

Ich habe für uns die 10 wichtigsten Formulierungsregeln zusammengestellt, mit denen wir jeden Stolperstein umgehen.
Und ich zeige dir, wie du falsche Formulierungen – Simsalabim – ganz einfach umformulierst. Ab sofort gilt: keine Missverständnisse mehr mit dem Universum.

Regeln … Das hört sich so nach Schule an und nach Spaßbremse? Genau das Gegenteil ist hier der Fall. Unsere Regeln sind Erfüllungsregeln. Es sind irgendwie magische Regeln. Immerhin sorgen sie dafür, dass wir und das Universum voller Freude unsere Wünsche verwirklichen können. Und was gibt es Schöneres als die Erfüllung unserer Wünsche?

An unseren 10 Regeln kannst du dich wunderbar orientieren. Damit kannst du JEDEN deiner Wünsche richtig – auf dich persönlich zugeschnitten und damit hochwirksam – formulieren.

Sie sind:

- praktisch und magisch,
- ganz leicht anzuwenden,
- supereffektiv.

Dazu habe ich uns eine übersichtliche Checkliste zusammengestellt, an der du dich jederzeit orientieren kannst – das ist ganz einfach und du behältst immer den Überblick. Und du kannst gar keinen Fehler mehr machen.

Es gibt für alles Mögliche Checklisten: Checklisten für den Sommerurlaub, Checklisten für einen Stromausfall, Checklisten für Arbeitsabläufe, Checklisten für deine Hausapotheke, Checklisten für den Frühjahrsputz usw. Allerhöchste Zeit also, dass es endlich auch eine Checkliste für das Wichtigste in unserem Leben gibt: unsere Wünsche.

Es gibt also endlich unsere Wunschformulierungs-checkliste.

Ab jetzt kannst du deine eigene Wunschformulierung erst einmal »abchecken«, bevor du sie ins Universum schickst und dir die Erfüllung deiner Wünsche in dein Leben holst.

Und weißt du, was das Geheimnis hinter der Checkliste ist: Das Geheimnis heißt 12 x Ja. Aber dazu später mehr ...

Die richtige Formulierung ist tatsächlich das A und O für die Verwirklichung unserer Wünsche. Je besser und treffender deine Formulierung ist, umso schneller und effektiver ziehst du die Erfüllung in dein Leben. Und genau das ist ja unser Ziel: die möglichst schnelle Verwirklichung unseres Wunsches! Also ich will die Erfüllung immer möglichst schnell. Das geht dir bestimmt genauso, oder?

Wir alle wissen, dass im Leben der Teufel oft im Detail steckt. Und genau das ist hier auch der Fall. Was der Teufel mit deinem und meinem Wunsch zu tun hat? Viel. Zu viel, um genau zu sein. Der Teufel im Detail stellt sich nämlich zwischen uns und das Universum. Er verhindert die »Lieferung«.

Das Dilemma fängt bereits beim Aufschreiben unseres Wunsches an, bei der richtigen Formulierung. Viele wissen zwar immerhin, dass ein Wunsch positiv formuliert sein soll – aber das war's dann auch schon.

Doch das reicht nicht! Es gibt noch weitere, sehr wichtige Regeln, die wir beachten müssen. Und zwar unbedingt!

Keine Sorge, das ist nicht schwer – aber wir müssen es eben wissen, sonst tappen wir immer wieder in dieselbe Falle. In die **»Wir-bestellen-die-Erfüllung-versehentlich-wieder-ab-Falle«.**

Ist unser Wunsch falsch formuliert, ist es so, als würdest du mit deiner eigenen Formulierung die Verwirklichung deines Wunsches quasi selbst wieder abbestellen! Mit deiner eigenen Formulierung!

Aber zum Glück ändern wir das ja. Ich zeige dir jetzt, was eventuell bisher schiefgelaufen sein könnte und welche Regeln du beachten solltest, um eine passende, supereffektive Formulierung für deinen Wunsch bzw. die Verwirklichung deines Wunsches zu finden – und dann ab damit in Richtung Universum.

Du wirst sehen – dann klappt's auch mit der Erfüllung. Und du wirst dich wundern, was so eine richtige Formulierung alles bewirken kann ... Ich selbst formuliere keinen einzigen Wunsch mehr ohne die Wunschformulierungscheckliste. Ich liebe sie. Ich weiß gar nicht, wie ich früher ohne sie ausgekommen bin ...

Nehmen wir also unsere bzw. deine Wunschformulierungen jetzt mal näher unter die Lupe. Unter die Erfüllungslupe ...

Stell dir mal kurz vor, du würdest im Universum arbeiten, Abteilung »himmlischer Lieferdienst». Du arbeitest schon lange dort und weißt genau, wie die Dinge funktionieren. Du weißt, dass das Universum immer genau das ausliefert, was bestellt wurde.

Wie das in etwa funktioniert? Ganz einfach: Es trudelt z. B. dieser Wunsch bzw. »Auftrag« von Bastian ein:

> Liebes Universum,
>
> ich möchte einen neuen Job.
>
> Danke.

Auf der Erde wartet Basti, der diesen Wunsch ins Universum geschickt hat, auf die Lieferung. Aber irgendwie tut sich nichts.
Er erzählt überall: »Bei mir klappt das nicht – mit dem Universum.«

Aber in Wahrheit sieht die Sache ganz anders aus. Das siehst du hier oben, in der Universumsabteilung »Auslieferung« ganz genau: Was soll das Universum bei dieser Formulierung »Ich möchte einen neuen Job« liefern? Einen Job als Schornsteinfeger oder als Bienenzüchter? Als Matrose oder doch lieber als Zirkusdirektor?

Selbst wenn wir davon ausgehen, dass Basti weiterhin als IT-Berater arbeiten möchte, nur eben bei einem anderen Arbeitgeber, fehlen alle möglichen Angaben. Was soll denn in seinem neuen Job besser sein, was wünscht er sich? Nettere Kollegen, eine bessere Bezahlung, weniger/mehr Homeoffice …?
Woher soll das Universum das wissen?
Was soll es jetzt liefern??

In Bastis Formulierung fehlt die genaue Angabe, welchen Job das Universum liefern soll! Und nicht nur das – hier fehlt noch einiges mehr. Was genau, das zeige ich dir gleich.

Wichtig ist aber, dass du verinnerlichst, dass das Universum nur das liefern kann, was du bestellst!

Ab jetzt also: keine Missverständnisse mehr mit dem Universum!

Wenn du deinen Wunsch ins Universum schickst, dann stell dir immer vor, du würdest diesen in der »himmlischen Auslieferungszentrale« entgegennehmen. Weiß das Universum anhand deiner Bestellung, was es tun soll?

Es gibt also gewisse Kriterien, die unsere Formulierung erfüllen sollte, damit das Universum genau weiß, was zu tun ist. Das Gute ist: Diese Kriterien sind immer die gleichen – für dich und für mich und egal, um welchen Wunsch es sich handelt. Das ist natürlich super für uns – es vereinfacht alles sehr.

Und hier sind sie – 10 Regeln für die perfekte Wunschformulierung:

1. Positive Merkmale verwenden.
2. Nicht mit »kein« und nicht mit »nicht« formulieren.
3. Nicht mit »...frei« formulieren.
4. Keinen Konjunktiv benutzen wie hätte, sollte, könnte, würde.
5. Personen-, firmen-, standortunabhängig formulieren.
6. Die Zukunft ins Jetzt holen. So tun, als ob es schon wahr wäre.

7. Einen Schritt weitergehen, dem Universum Möglichkeiten lassen
8. Es für möglich halten.
9. Nicht wünschen, sondern danken.
10. Das Gefühl der Begeisterung und Vorfreude in sich spüren.

Sieht auf den ersten Blick vielleicht viel aus, ist es aber nicht. Mit unserer Checkliste ist das Wünschen ab sofort ein Kinderspiel.

Und so sieht sie aus: unsere Wunschformulierungs-checkliste

★ Checkliste 1 ★

Für deine perfekte Wunschformulierung

Mit dieser Liste kannst du jede deiner Wunschformulierungen kurz abchecken und bist so immer auf der sicheren Seite. Diese Checkliste ist die direkte Verbindung zum Universum.

Sieh dir jede Wunschformulierung genau an und checke ab, ob du die folgenden Punkte beachtet hast:

Regel	Inhalt deiner Formulierung	ja	nein
1	Hast du positiv formuliert?	☐	☐
2	Sag nicht, was du nicht willst! Verwende kein »kein«. Verwende auch kein »nicht«.	☐	☐
3	Kommst du bei deiner Formulierung ohne »...frei« aus?	☐	☐
4	Ohne hätte, sollte, könnte, würde?	☐	☐
5	Hast du personen-, firmen- und standortunabhängig formuliert?	☐	☐
6	Die Zukunft ins Jetzt geholt? Als ob dein Wunsch schon wahr wäre?	☐	☐
7	Dem Universum Möglichkeiten gelassen?	☐	☐
8	Hältst du die Erfüllung selbst für möglich?	☐	☐
9	Hast du ohne »bitte«, aber mit »danke« formuliert?	☐	☐
10	Spürst du die Vorfreude?	☐	☐

Das Geheimnis hinter der Checkliste ist: Je genauer und besser die Formulierung, umso schneller die Verwirklichung.

Falls du aber auch mal ein Nein angekreuzt hast – kein Problem, dann verwandeln wir jetzt jedes Nein in ein Ja. Dafür ist diese Checkliste ja da – damit wir unsere Fehler korrigieren können. Dafür liebe ich sie auch. Eigentlich ist es eine »Erfüllungscheckliste«: Durch sie schicken wir die richtige Wunschenergie ins Universum.

Unsere Wunschformulierung sollte so gestaltet sein, dass du in der Checkliste bei allen Punkten JA angekreuzt hast. Aber keine Sorge – das ist ganz einfach. Das kriegen wir locker hin. Auch für deine Wünsche.

12 x Ja – führt zur Erfüllung!
12 x Ja – verbindet dich direkt mit dem Universum.

Bevor du dich nun mit deiner eigenen Wunschformulierung beschäftigst, schauen wir uns die 10 Regeln zuerst einmal etwas genauer an.

★ TIPP: Die Checkliste 1 und 2 kannst du dir auf www.silberschnur.de/wunschformulierung als PDF herunterladen und immer wieder ausdrucken und benutzen.

Der Feinschliff

So wirst du ein Formulierungsprofi

Formulierungsregel Nr. 1

Dein Wunsch/Auftrag muss immer positiv formuliert sein. Sage nie, was du NICHT haben möchtest.

Dieser Punkt ist eigentlich der Oberbegriff für mehrere Punkte aus unserer Checkliste:

Dein Auftrag ans Universum muss immer positiv formuliert sein.

Beachte stets diesen Grundsatz: Das Universum will nicht wissen, was du nicht möchtest. Es interessiert nicht, was du **NICHT** willst!

Wenn du beispielsweise formulierst: Ich möchte bitte keinen Fahrradunfall haben – dann steckt hier ein tückisches Teufelchen versteckt, eigentlich schon eher ein richtiger Teufel.

Du ziehst mit dieser Formulierung einen Unfall geradezu an – dein Gehirn übersieht »kein« und zieht damit womöglich einen Unfall in deinen Erfahrungsbereich. Du ziehst also versehentlich an, WAS DU NICHT WILLST!

Deshalb IMMER das formulieren, was du bekommen möchtest. Dazu gleich noch mehr unter Regel 2.

Aber das ist noch nicht alles. Es gibt noch einen weiteren Punkt, den wir unbedingt beachten sollten: Schauen wir uns das Beispiel mit der Überraschung noch einmal näher an. Das machen wir für diejenigen, die das Buch »Danke, liebes Universum« noch nicht gelesen haben. Für die anderen ist es eine kleine Wiederholung.

Das Überraschungsbeispiel: Wir bestellen eine Überraschung beim Universum.

Liebes Universum,

ich bekomme eine Überraschung.

Danke.

Klingt gut, oder? Und ist dazu noch eine positive Formulierung, aber Vorsicht: Hier fehlt noch etwas.

Hier fehlt das Wort **positiv.**

Diese Formulierung verbessern wir jetzt:

Liebes Universum,

ich bekomme eine positive Überraschung.

Danke.

Für uns ist eine Überraschung positiv, aber das ist sie nicht von Natur aus. Eine Überraschung kann beides sein: positiv oder negativ. Eine **Kündigung** kann durchaus auch eine Überraschung sein ... Eine **Gehaltserhöhung** aber auch. Je genauer wir also formulieren, umso besser für uns.

Soll deine Formulierung etwas Gutes in dein Leben ziehen, dann formuliere immer positiv.

Wenn wir demnach eine positive Überraschung bekommen möchten, dann sollten wir das auch genauso formulieren.

Positiv kannst du natürlich auch durch Wörter ersetzen, die eine positive Wirkung haben. Schauen wir uns deinen Wunsch einmal näher an und ergänzen wir etwas Positives:

Du wünschst dir z. B. eine neue Kollegin? Das reicht nicht!
Eine neue Kollegin kann auch eine Zumutung sein. Was ist positiv an deiner neuen Kollegin? Du willst eine richtig nette Kollegin, mit der du dich blendend verstehst? Dann schreibe das auch auf: »... eine sehr nette Kollegin, mit der ich mich wunderbar verstehe.«

Du wünschst dir:

> Einen neuen Nachbarn?
> Was ist positiv an dem neuen Nachbarn. Ergänze das dann: »... einen sehr netten Nachbarn, mit dem ich befreundet bin.«
>
> Eine neue Wohnung ?
> Ergänze noch, wie sie aussehen soll. Was ist positiv an der neuen Wohnung? »... eine helle,

lichtdurchflutete 3-Zimmer-Wohnung mit einem schönen Südbalkon.«

Einen neuen Job?

Was ist besonders positiv an deinem neuen Job? Füge das unbedingt hinzu: »... die gute Bezahlung und die tollen Kollegen.«

Schau dir jede deiner Wunschformulierungen noch einmal ganz genau an, und überprüfe, ob du vielleicht besser noch etwas »Positives« hinzufügen solltest. Sicher ist sicher.

Zusammenfassung Regel Nr. 1

**Sage nicht, was du nicht willst.
Ergänze positive Merkmale.**

Zwischenspiel: Ein Experiment

Komm, wir machen zusammen einen kleinen Test, wie diese Regel funktioniert:

Wir bestellen jetzt mal diese Überraschung. Einmal mit dem Zusatz »positiv« und einmal ohne. Und dann schauen wir, was passiert.

Die Überraschung ist einfach ein gutes Beispiel für die Regel Nr. 1, weil sie eben positiv sein kann, aber auch negativ.

Du kannst dir natürlich auch gerne etwas anderes bestellen – was, spielt letztlich keine Rolle. Es geht nur um den Aha-Effekt.

Beginnen wir mit dem Überraschungsexperiment.

Variante 1:
Wir bestellen eine Überraschung:

> *Liebes Universum,*
> *ich bekomme eine Überraschung.*
> *Heute oder morgen.*
> *Danke, liebes Universum.*

Warten wir ab bis morgen Abend.
Mal sehen, was das Universum liefert ...

Variante 2:
Wir bestellen eine **schöne, positive** Überraschung:

> *Liebes Universum,*
>
> *ich bekomme eine wunderschöne, positive Überraschung.*
>
> *Gerne heute noch.*
>
> *Danke, liebes Universum.*

Ich habe mir gerade überlegt, ich lasse Schritt eins aus und bestelle mir gleich die 2. Variante. ☺
Eine wunderschöne Überraschung – da habe ich jetzt so richtig Lust drauf.

Nachtrag:
Hat prompt geklappt. ☺ Ich habe eine wunderbare Zusage bekommen. Wahnsinn – danke, liebes Universum.

Ich freu mich immer noch wie ein Schneekönig über jede einzelne »Lieferung« – immer und immer wieder faszinierend, dieses Universum.

Formulierungsregel Nr. 2

Deine Wunschformulierung darf kein »kein« enthalten.

Ganz wichtig für deine erfolgreiche Formulierung: Das Wort kein hat nichts in deinem Wunsch zu suchen. Niemals.

In deiner Formulierung darf nie etwas enthalten sein, was du NICHT in dein Leben ziehen möchtest!

Hier ein weit verbreitetes Beispiel:

Liebes Universum,
ich möchte keine Geldsorgen mehr haben.
Danke.

Oder:

Liebes Universum,
ich möchte keinen Unfall haben.

Das geht gar nicht!
Kein ist ein Teufel.
Kein ist ein echter **Dramafaktor**.

Das siehst du sofort selbst: Woran denkst du, wenn du diese Formulierungen liest:

»Ich möchte keine Geldsorgen mehr haben.«
»Ich möchte keinen Unfall haben.«

Richtig: Du denkst sofort an Geldsorgen. Jeder denkt hier an Geldsorgen. Und du denkst sofort an Unfälle. Jeder denkt hier sofort an einen Unfall.

Und das **Drama** dabei ist: Mit dem Gedanken an Geldsorgen ziehst du genau diese in dein Leben. Mit den Gedanken an einen Unfall ziehst du genau diesen in dein Leben!

Also, **eine der wichtigsten Grundregeln** für dich:

Soll deine Wunschformulierung etwas Gutes in dein Leben ziehen, verwende NIEMALS das Wort »kein«.

»Kein« zieht das Gegenteil von dem in dein Leben, was du wirklich haben willst.

Zu deiner eigenen Sicherheit: Checke jede deiner Wunschformulierungen immer genau ab, ob sich auch wirklich kein »kein« darin verirrt hat.

Kleine Vorschau: So machst du es besser:

Falsche Formulierung:
Ich habe keine Sorgen mehr.

Richtige Formulierung:
Alles läuft fabelhaft. Ich bin so glücklich.

Aber dazu gleich mehr ...

Nicht mit »nicht« formulieren.

Auch das Wort nicht hat nichts in deiner Wunschformulierung zu suchen.

Auch nicht ist ein echtes Teufelchen.
Auch nicht hat den **Dramafaktor**.

Wieder gilt: Sag dem Universum nie, was du nicht haben willst. Das interessiert es gar nicht.

Wenn ich dich z. B. frage, was du dir wünschst, und du antwortest darauf mit lauter Dingen, die du NICHT haben willst – was soll das bringen? Ich weiß dann ja immer noch nicht, was du dir wirklich wünschst.

Und genauso verhält sich die Sache mit dem Universum auch. Das Universum weiß dann immer noch nicht, WAS du möchtest.

Hier einige Beispiele dafür, wie du nicht formulieren darfst:
»Ich will nicht länger einsam sein.«
»Ich will nicht länger unglücklich sein.«
»Ich will nicht ...«

Woran denkst du, wenn du den Satz liest:

»Ich will nicht länger einsam sein.« Na?

Genau! Du denkst sofort an: **einsam sein.**

Und was passiert dann? Du ziehst die Einsamkeit in dein Leben.
Drama!
Du ziehst mit dieser falschen Formulierung leider genau das an, was du nicht haben möchtest – ganz ohne Absicht und versehentlich. Aber trotzdem.

Nicht und kein – darf nicht sein!

Schau dir deine Formulierung und deine Wünsche dahingehend genau an: Nimm unsere Erfüllungslupe, und sobald du die Wörter **nicht** und **kein** entdeckst, schrei, so laut du kannst.

Zusammenfassung Regel Nr. 2

Nicht mit »kein« und nicht mit »nicht« formulieren.

Zwischenspiel: Ein Experiment

Wir wollen **KEIN Zebra** sehen.

Ein bisschen Spaß muss sein ...
Wir machen jetzt mal genau das, was wir eigentlich nicht machen sollten. Wir bestellen mit »kein». Kein ist tückisch – und du siehst auch bald, warum.

Das **Kein-Zebra-Experiment**

> Liebes Universum,
>
> wir sehen kein Zebra.
>
> Danke, liebes Universum.

Jetzt bin ich mal gespannt, wann und wo wir KEIN Zebra sehen. Ich könnte wetten, dass uns heute oder morgen ein Zebra, in welcher Form auch immer, über den Weg läuft, obwohl wir ja ausdrücklich KEIN Zebra bestellt haben.

Kein ist ein Teufelchen.

Unser Gehirn sortiert »kein« aus.
Immer.
Wirst du gleich sehen.

P. S. Viele Grüße an dein Zebra. ☺

Nachtrag:
Es ist natürlich prompt so gekommen. Noch am gleichen Abend habe ich eine Serie geschaut, und in einer Sequenz hing ein riesengroßes Zebrabild an der Wand!
Das war mal wieder sehr lustig und aufschlussreich.

Weißt du was, wir machen das Zebra jetzt einfach zu unserem Verbündeten und bauen eine **Zebra-Eselsbrücke:**

Ab jetzt wird uns jedes Zebra daran erinnern, dass wir nie mit »kein« bestellen sollten! Nie wieder!

Da fällt mir aber gerade noch etwas ein: Wir könnten gegebenenfalls mal eine Ausnahme machen. Vielleicht können wir diese Regel, dass wir nicht mit »kein« bestellen dürfen, ja für unsere Zwecke nutzen: Wenn man mit »kein« bestellt und dieses »kein« quasi aussortiert wird, wie wär's mit dieser Bestellung:

> Liebes Universum,
> ich bekomme KEINE Gehaltserhöhung. ☺

Formulierungsregel Nr. 3

Nicht mit »…frei« formulieren.

Frei klingt ja zunächst einmal sehr positiv: frei von Sorgen, frei von Kummer, frei von …

Aber hier kommt der Teufel im Detail wieder ins Spiel. In Wirklichkeit ist »frei« ein richtiges Teufelchen.

Kaum zu glauben, aber wahr: »Frei« macht uns unfrei. Zumindest bei der Formulierung.

Wenn du z. B. so formulierst:

> Liebes Universum,
> ich bin sorgenfrei.
> Danke.

Dann ist das ja erst einmal positiv. Hört sich auf den ersten Blick gut an. ABER: Woran denkt dein Gehirn bei »sorgenfrei« zuerst? Ja, genau: an Sorgen!!! Leider nicht an Freiheit.

Wie du das besser formulierst, dazu kommen wir später. **Jetzt ist erst einmal wichtig, dass du niemals ein**

zusammengesetztes Wort mit ...frei verwendest! Niemals!

Hier ein weiteres Beispiel zur Verdeutlichung: Eine Leserin wollte mit dem Rauchen aufhören und hat mich gefragt, ob sie ihren Wunsch folgendermaßen formulieren kann:

> *Liebes Universum,*
>
> *ich bin rauchfrei.*
>
> *Danke.*

Nein! Bitte nicht. Bei dem Wort rauchfrei denkt unser Gehirn sofort an Rauch! Du ziehst mit dieser Formulierung ganz aus Versehen und unbeabsichtigt das Rauchen an – obwohl du ja genau das loswerden wolltest.

Kleine Vorschau auf die bessere Formulierung:

Falsche Formulierung:
Ich will nicht mehr rauchen.

Richtige Formulierung:
Ich bin gesund und topfit.

Kontrolliere unbedingt deine Wünsche, und schaue, ob sich nicht versehentlich ein ...frei eingenistet hat.

Erst ohne ...frei wirst du frei.

Zusammenfassung Regel Nr. 3

Stets ohne ...frei formulieren.

Zwischenspiel: Ein Experiment

Gibt es etwas, wovon du frei sein möchtest? Dann bestellen wir das jetzt mal – aber anders, als du denkst.

Beispiel: Wir möchten heute gerne alle frei von Stress sein. So ein richtig entspannter Tag wäre nett.

> Liebes Universum,
> ich bin heute stressfrei.
> Danke.

Regel Nr. 3 sagt aber, dass »frei« ja leider genau das anzieht, was es gerade nicht anziehen soll. Bedeutet das dann, dass wir mit der Formulierung »stressfrei« heute erst recht Stress in unser Leben ziehen?!

Ja, leider. Weil unser Gehirn bei »stressfrei« das »frei« aussortiert und nur der »Stress« übrig bleibt.

Nein, vielen Dank, aber Stress hatten wir in der letzten Zeit alle wahrlich genug. Also lassen wir dieses Experiment besser aus.

Obwohl ... wenn ich noch mal so darüber nachdenke. Es gäbe da doch noch eine Möglichkeit: Wenn unser

Gehirn das »frei« aussortiert, dann können wir ja doch mit »frei« bestellen – zwar etwas um die Ecke gedacht und formuliert, aber wieso eigentlich nicht?! ☺ Am Ende des Tages zählt nur die Lieferung.

> Liebes Universum,
>
> wir sind heute glücksfrei.
>
> Danke!

Na dann mal los, liebes Universum.
Wir haben die Türen schon mal geöffnet,
damit das Glück heute gleich reinspazieren kann ...

Formulierungsregel Nr. 4

Hätte/würde/sollte – die unmöglichen 3

Du kennst ja sicherlich den Spruch: Hätte, hätte, Fahrradkette. Da ist was dran. Dieser Konjunktiv kann uns die Erfüllung vermiesen.

Der Konjunktiv ist bei der Wunschformulierung ein echtes Teufelchen. Der Konjunktiv ist ein echter Erfüllungsvertreiber.

Deshalb hat jede Form von Konjunktiv nichts, absolut nichts in deiner Wunschformulierung zu suchen.

Hätte/würde/sollte ist der Club der Teufelchen. Also Vorsicht.

Hier einige Beispiele:

> *Liebes Universum,*
> *ich wäre so gerne Schauspieler.*
> *Danke.*

Damit sendest du nur die Energie aus, dass du es gerne wärst. Das ist aber keine Erfüllungsenergie!

»Ich würde gerne …« Das **wird nichts verwirklichen**! Die richtige Energie geht von »**Ich bin** …« aus.

»Ich bin eine begnadete und erfolgreiche Schauspielerin!«

Ich bin. Aber nie »ich wäre« oder »ich würde».

Ein weiteres Beispiel für den tückischen Konjunktiv:

> Liebes Universum,
> ich hätte gerne mehr Geld.
> Danke.

Ich hätte gerne … Auch das **wird nichts verwirklichen.**

»Ich hätte gerne« strahlt keine Erfüllungsenergie aus. »Ich hätte gerne« drückt Mangel aus – nämlich den Mangel, dass du es jetzt nicht hast. Und du weißt ja: Mangel zieht Mangel an. »Ich hätte gerne mehr Geld« zieht also nicht mehr Geld in dein Leben, sondern mit hoher Wahrscheinlichkeit sogar noch weniger!

Du siehst »Ich hätte gerne« ist ein tückisches Teufelchen.

Das Gleiche gilt für »Ich sollte ...«:

> Liebes Universum,
> ich sollte mich gesünder ernähren.
> Danke.

Ich sollte ... Auch das **wird nichts verwirklichen** – absolut nichts.

Vorschau auf geeignetere Formulierungen:

- **Ich bin** ein/e erfolgreiche/r Schauspieler/in.
- Meine Gehaltserhöhung **ist** grandios.
- **Ich liebe** meine gesunde Ernährung.

Schau dir nun deine eigene Formulierung genau an: Alles mit hätte, sollte, würde musst du sofort umformulieren. Wie genau, sehen wir gleich.

Zuerst einmal verinnerlichst du idealerweise, dass diese unmöglichen 3 nichts bei dir zu suchen haben.

Zusammenfassung Regel Nr. 4

Keinen Konjunktiv benutzen wie hätte, sollte, könnte, würde.

FORMULIERUNGSREGEL NR. 5

Personen-, firmen-, standortunabhängig formulieren.

Wir dürfen uns in unserem Auftrag ans Universum bzw. in der Formulierung unseres Auftrages nicht zu sehr festlegen, weder auf eine bestimmte Person noch auf einen bestimmten Standort noch auf eine bestimmte Firma.

Wenn du zu fixiert bestellst, verschließt du dem Universum 100 Möglichkeiten, um dir **das für dich Beste** zu liefern.

Zu eng formulierte Aufträge sind versteckte Teufelchen – Vorsicht!

Hier ein Beispiel für eine sehr typische **personenabhängige** Bestellung:

> *Liebes Universum,*
> *ich bin mit Max zusammen.*
> *Danke.*

Nehmen wir an, du bist zur Zeit total fixiert auf Max. Du möchtest unbedingt mit ihm zusammenkommen, weil du überzeugt bist, er sei der perfekte Partner für dich.

Die **Essenz deines Auftrages** ist aber in Wahrheit, dass du einfach eine sehr glückliche Partnerschaft leben möchtest. Im Moment denkst du, das ginge nur mit Max. Vielleicht würde aber Felix, den du noch gar nicht kennst, **den das Universum aber bereits für dich vorgesehen hat**, viel besser zu dir passen und dieser wäre der wirklich perfekte, lebenslange Partner für dich.

Besser würdest du also **personenunabhängig** formulieren:

> Liebes Universum,
>
> ich lebe mit meinem Traummann zusammen.
> Wir führen die glücklichste Beziehung ever.
>
> Danke, liebes Universum.

Merkst du den Unterschied?

Überlassen wir die Ws dem Universum: wie, wo, wann, wer.

Das Gleiche gilt übrigens für die Festlegung auf einen **bestimmten Standort** oder eine **bestimmte Firma:**

Beispiel:

> *Liebes Universum,*
>
> *ich arbeite bei der Firma xy.*
>
> *Danke.*

Auch hier gilt wieder: Vielleicht gibt es einen Job, der viel besser zu dir passt und dich mehr ausfüllt und in dem du auch noch besser verdienen würdest – das Universum kennt diesen Job schon. Lass dem Universum die Möglichkeit, dich dorthin zu führen.

Kleiner Vorgeschmack auf eine bessere Formulierung:

> *Liebes Universum,*
>
> *ich bin so glücklich in meinem Traumjob.*
>
> *Danke, dass du mich hierher geführt hast.*

Beschränke dich nicht selbst, auch wenn du im Moment denkst, etwas Bestimmtes oder jemand Bestimmtes wäre das Beste für dich.

Immer im Hinterkopf behalten: Was wissen wir Menschen schon. Es gibt etwas, das mehr weiß. Das Universum ...

Wir müssen bei unserer Wunschformulierung stets aufpassen, dass wir genug Spielraum für die Erfüllung lassen. Für uns gibt es oft nur einen Weg zu unserer Wunscherfüllung – das ist aber zu klein und zu eng gedacht. Das Universum kennt noch einige viel bessere und erfüllendere Wege zu deinem Ziel.

Deshalb beinhaltet diese Regel auch den Rat, stets das Wo, also den Standort, offenzulassen. Der Teufel versteckt sich oft im Wo.

Beispiel:
Eine Leserin, eine Abiturientin, möchte einen bestimmten Studienplatz, in einer bestimmten Stadt. Sie hat ihren Wunsch so formuliert:

> Liebes Universum,
>
> ich möchte einen Studienplatz in Biologie in Heidelberg.
>
> Danke, liebes Universum.

Der Teufel versteckt sich hier in Heidelberg! (Natürlich nur in diesem Fall. Für jemand anderen ist vielleicht Heidelberg der place to be …)

Diese Abiturientin denkt im Moment, dass ihr Glück in Heidelberg liege. Das Universum weiß aber, dass sie besser in Köln studieren sollte, dort wird sie die richtigen Kontakte für ihre weitere Laufbahn treffen oder vielleicht ihrem Lebenspartner begegnen oder was auch immer …

Die richtige Formulierung heißt deshalb:

> Liebes Universum,
>
> ich bin superglücklich mit meinem Bio-Studium.
>
> Es erfüllt mich und ich liebe es.
>
> Ich bin genau da, wo ich sein soll.
>
> Danke, liebes Universum, dass du mich hierhergeführt hast.

Damit lässt die Abiturientin dem Universum die Möglichkeit, sie an den für sie besten Standort zu führen.

Jetzt du! **Kontrolliere deinen eigenen Wunschauftrag mal dahingehend: Findest du da irgendwo eine die-**

ser Begrenzungen: personenabhängig, standortabhängig, firmenabhängig? Dann weg damit. So machst du den Weg frei für die Erfüllung.

Zusammenfassung Regel Nr. 5

Personen-, firmen- und standortunabhängig formulieren.

Kleines Zwischenspiel: Ein Experiment

Wir machen den Test: Wir bestellen einmal abhängig und einmal unabhängig. Was ist besser für uns? Welche Art der Bestellung macht uns glücklich und zieht das Beste für uns in unser Leben?

Ich schlage vor, wir bestellen ein »zufälliges« Treffen mit einer Person, die irgendetwas mit unserem Beruf zu tun hat und uns nützlich sein kann.

Überleg dir jetzt jemanden, den du gerne treffen würdest, der dir beruflich in irgendeiner Art weiterhelfen könnte:

> Liebes Universum,
> ich treffe … (lege diese bestimmte Person fest).
> Danke.

Ich probiere das jetzt auch direkt noch mal aus:

> Liebes Universum,
> Ich treffe Frau Immendorf.
> Danke.

Wahrscheinlich werde ich Frau Immendorf sehr bald treffen. Freu mich auch schon. Dennoch stellt sich eine Frage: Was wäre, wenn ich die Person offengelassen hätte, wenn ich mich nicht festlegen würde? Was geschieht, wenn wir die Person nicht festlegen und uns auf den Rest des Auftrages konzentrieren? Was passiert, wenn wir es dem Universum überlassen, ein Treffen mit der richtigen Person zu organisieren?

Zum Beispiel so:

> Liebes Universum,
>
> ich treffe jemanden, der mich beruflich weiterbringt.
>
> Danke, liebes Universum.

Probieren wir es aus!
Machst du mit?

Meine Erfahrung sagt, dass es immer besser für uns ist, dem Universum möglichst viele Möglichkeiten offenzulassen, also unabhängig zu bestellen.

In einer Sache kannst du ganz sicher sein: Das Universum wird immer das für dich Beste in die Wege leiten.

Ich habe schon so manches abhängig bestellt und kann im Nachhinein sagen – das hätte ich mal besser dem Universum überlassen ... Das, was du bestellst, wird ja geliefert, das ist ja das Drama. Damit schlagen wir mit unserer eigenen Bestellung vielleicht die Tür zum ganz großen Glück zu – ganz ohne Absicht, nur weil wir es bisher nicht besser wussten.

Liebes Universum,
ab jetzt sind wir nur noch von dir abhängig. ☺

Unser neues Motto: nicht personenabhängig, firmenabhängig oder standortabhängig, sondern nur noch **universumsabhängig** formulieren.

> Liebes Universum,
>
> mach einfach das, was für mich das Allerbeste ist.
>
> Merci.

P. S.: Probiere trotzdem mal beide Varianten aus. Das ist superinteressant ...

Und was auch lustig ist: Bestell mal ein zufälliges Treffen mit jemandem, den du eigentlich nicht treffen willst. Oder noch besser: den du auf keinen Fall treffen willst.

Warum das lustig sein soll? Einfach nur, um zu sehen, dass wirklich alles, was du bestellst, geliefert wird.

Also, wenn's der guten Sache dient, dann stellen wir uns auch dieser Herausforderung. Ist dir jemand eingefallen? Mir schon.

Liebes Universum,
ich treffe C.T.

Muss man sich dann eigentlich auch beim Universum bedanken?? Das überlege ich mir noch ...

Formulierungsregel Nr. 6

Die Zukunft ins Jetzt holen. So tun, als ob es schon wahr wäre.

Diese Regel ist die wahrscheinlich entscheidendste und wichtigste Regel: Du musst mit und durch deine Formulierung die Zukunft (also die Erfüllung) in die Gegenwart (ins Jetzt) holen.

So tun, als ob der Wunsch sich schon erfüllt hätte, bevor wir ihn überhaupt »losgeschickt« haben?
Ja genau!
So, als ob du bereits die Erfüllung erleben würdest – in diesem Moment.

Das hat auch einen Grund.

Erkenne einmal den Unterschied:
In dieser Formulierung versteckt sich der Teufel als Sehnsucht nach etwas:

> Liebes Universum,
>
> ich möchte eine schöne Wohnung.
>
> Danke.

In dieser Formulierung »Ich möchte eine schöne Wohnung« steckt zwischen den Zeilen auch die Aussage, dass du jetzt keine schöne Wohnung hast. Es steckt also eine Form des Mangels in dieser Formulierung. Also Vorsicht, der Teufel hat sich hier als Sehnsucht und dadurch als Mangel im Jetzt verkleidet. Und Achtung: Mangel zieht Mangel an!

Es erfüllt sich, was du formulierst. Wenn du etwas so formulierst, dass die Erfüllung erst in der Zukunft stattfinden wird, kann sich dein Wunsch nicht im Jetzt erfüllen und die Erfüllung bleibt für immer in der Zukunft.

Genau das wollen wir nicht! Dass die Erfüllung weit in der Zukunft liegt. Deshalb hier eine bessere Formulierung:

> Liebes Universum,
>
> ich bin so glücklich in dieser wunderschönen 3-Zimmer-Wohnung.
>
> Danke.

Spürst du den Unterschied?

So tun, als ob dein Wunsch bereits wahr wäre. Er ist bereits erfüllt.

Mit dieser Formulierung haben wir die Zukunft ins Jetzt geholt.

In der neuen Formulierung steckt Erfüllungsenergie, und genau diese Energie sendest du damit aus.

Und es gilt wie immer:
Erfüllung zieht Erfüllung an.

Schau dir nun deine eigene Wunschformulierung noch einmal genau an: Hast du auch nicht versehentlich etwas auf die Zukunft verschoben?

Zusammenfassung Regel Nr. 6

**Die Zukunft ins Jetzt holen:
Dein Wunsch ist bereits erfüllt.**

Zwischenspiel: Ein Experiment

Die Zukunft ins Jetzt holen, das ist unsere leichteste Übung.

Ich formuliere das jetzt mal für uns alle, auch für dich:

Unser Motto: Unsere Zukunft ist golden. Wir haben alles, was wir uns wünschen. (Bescheidenheit ist eine Zier, doch besser geht es ohne ihr. ☺ Es heißt ja, Grenzen gibt es nur in unserem Kopf.)

> Liebes Universum,
>
> wir sind gesund, erfolgreich, wohlhabend, zufrieden, erfüllt und rundum glücklich. Wir haben alles, was wir immer wollten. Ein wunderbarer Zustand.
>
> Danke, liebes Universum.

So, wir haben die Zukunft ins Jetzt geholt.
Du, liebes Universum, kannst dann jetzt mit der Lieferung beginnen …
Als Zeichen, dass du bereits an der Erfüllung arbeitest, könnten wir ein Kleeblatt vereinbaren: Jedes Mal, wenn wir ein Kleeblatt sehen, ist das ein Zeichen von dir.

Formulierungsregel Nr. 7

Einen Schritt weitergehen, dem Universum Möglichkeiten lassen. Was ist die Essenz hinter deinem Wunsch?

In bestimmten Situationen hilft es uns, einen Schritt weiterzudenken und auch weiterzuformulieren.

Hier ein Beispiel dazu: Eine Abiturientin möchte unbedingt Medizin studieren. Sie hat aber nur einen Numerus clausus von 2,5. Nun hat sie mich gefragt, wie sie ihren Wunsch, Medizin zu studieren, formulieren soll. Sie hat mich gefragt, ob sie den Wunsch so formulieren soll:

> *Liebes Universum,*
> *ich studiere Medizin.*
> *Danke.*

Das kann sie tun, aber es gibt noch eine bessere Formulierung. Genau in diesem Fall ist es sehr vorteilhaft, einen Schritt vorauszugreifen:
Was steckt hinter dem Wunsch, Medizin studieren zu wollen? Die junge Frau möchte als Ärztin arbeiten.

Das ist ihr Traumberuf. Die Essenz, die hinter dem Medizinstudium steckt, ist also die Arbeit als Ärztin.

Jetzt kommt Trick 17 – wir formulieren nicht den Wunsch, hier das Medizinstudium, sondern die Essenz des Wunsches.

Die richtige Formulierung lautet in diesem Fall:

> Liebes Universum,
>
> ich liebe meinen Beruf als Ärztin.
> Ich bin glücklich, dass ich in dieser tollen Klinik/Praxis arbeite.
>
> Danke.

Du gehst hier also einen Schritt weiter – du **überspringst** das Thema Studium und tauchst gleich ein in die Essenz, in den **Kern deines Wunsches**.

Warum wir das manchmal tun sollten? Weil der Zwischenschritt eventuell mit Zweifeln behaftet ist. Unsere Abiturientin zweifelt z. B. daran, einen Studienplatz in Medizin zu bekommen, da ihr NC nicht ausreicht. Sie zweifelt! Und im Zweifel steckt der Teufel! Ein dicker sogar. Zweifel zieht Zweifel an.

Mit dem **Formulieren der Essenz** lassen wir dem Universum alle Möglichkeiten offen, uns zu dieser Essenz zu führen.
Es gibt immer eine Lösung und einen Weg – das Universum kennt ihn.

So, nun wieder zu dir:

Gibt es einen Wunsch, bei dem auch du einen Schritt weitergehen solltest?
Gibt es einen Wunsch, bei dem auch du dich auf die Essenz konzentrieren solltest?
Schau dir das mal näher an ... Was steckt hinter deinem Wunsch? Und kannst du eventuell bei der Formulierung gleich zur Essenz springen?

Zusammenfassung Regel Nr. 7

Erkenne den Kern deines Wunsches.
Was steckt dahinter?

Zwischenspiel: Ein Experiment

Die Essenz hinter unserem Wunsch zu erkennen, ist nicht immer ganz einfach. Manchmal ist die Essenz nämlich etwas, was wir nicht einmal ahnen. Es könnte ein völlig anderes Motiv hinter deinem Wunsch liegen, als dir klar ist. Zum Beispiel könnte sich das Bedürfnis nach Anerkennung oder mehr Lob hinter deinem Wunsch verstecken. Wir machen jetzt hier aber keine Psychotherapie. Keine Sorge. Nur mal so viel:

Welches ist dein größter Wunsch? Ist er dir bewusst? Gut, dann kannst du jetzt das Universum fragen, welches die Essenz dahinter ist bzw. was der Kern ist.

Wenn dein Wunsch z. B. ist, Schauspieler/in zu sein, was ist dann dein Kern dahinter? Es steckt immer eine Essenz hinter unserem Wunsch, und die kann bei jedem anders sein.
Vielleicht möchtest du Schauspieler sein, weil du im Rampenlicht stehen möchtest und dir Applaus und Anerkennung wünschst. Vielleicht aber auch, weil du es liebst, anderen Menschen Freude zu machen und sie zu unterhalten. Vielleicht aber auch, weil es dir ein großes Vergnügen bereitet, immer wieder in andere Charaktere zu schlüpfen …

Du siehst, in jedem Wunsch steckt ein Kern. Auch in deinem.

Da fragen wir doch mal nach:

> Liebes Universum,,
>
> welche Essenz steckt hinter meinem Wunsch?
>
> Danke für die Antwort.

Man darf dem Universum auch Fragen stellen? Aber klar doch. Es liebt den Austausch mit uns sogar. Du wirst schnell Antworten bekommen. Sei aufmerksam und achte auf alles: Plakate, Werbungen, Artikel, Podcasts, Posts etc.

Du weißt ja, das Universum spricht auf vielen Wegen mit dir.

Formulierungsregel Nr. 8

Es für möglich halten.

Eine wichtige Komponente ist, dass DU, du selbst, die Erfüllung deines Wunsches absolut für möglich hältst. Die Formulierung deines Wunsches sollte so lauten, dass du die Verwirklichung quasi schon spürst.

Beispiel:

> *Liebes Universum,*
> *ich lebe in einem Schloss in Kalifornien.*
> *Danke.*

Diese Verwirklichung ist natürlich möglich, aber sie liegt vermutlich außerhalb deines Vorstellungsbereiches. Das Teufelchen versteckt sich hier in Phantasien.

Anderes Beispiel:
Eine Verkäuferin in einer Bäckerei wünscht sich, ein Filmstar zu sein. Sie formuliert:

> *Liebes Universum,*
> *ich bin ein Filmstar.*
> *Danke.*

Auch hier kann sich das natürlich verwirklichen. Sie hat sehr gut mit »Ich bin ...« formuliert und nicht mit »Ich wäre so gerne ...«

ABER: Es kann sich nur verwirklichen, wenn sie selbst das auch für absolut wahrscheinlich und möglich hält und zusätzlich zur Wunschformulierung auch entsprechende Schritte dahingehend einleitet.
Wenn Sie das wirklich möchte und es sich lebhaft vorstellen kann, dann wird das Universum sie dorthin führen. Wenn nicht, dann nicht.

Wichtig ist, dass DU selbst die Erfüllung für absolut möglich hältst. Kontrolliere deine Formulierung: Hältst du selbst die Erfüllung deines Wunsches für möglich? Und kannst du die Erfüllung schon spüren? Das solltest du!

Zusammenfassung Regel Nr. 8

Hältst du es für möglich?

Formulierungsregel Nr. 9

Nicht wünschen oder bitten, sondern danken.

Wünschen und bitten ist etwas für Kinder: Bitte, lieber Weihnachtsmann, bring mir ein Pferd. Oder: Bitte, liebes Christkind, ich wünsche mir eine Krone.

Wir sind hier aber nicht bei *Wünsch dir was* oder bei »Bitte-bitte«, sondern bei: »Wir ziehen mit unserer Formulierung die Erfüllung in unser Leben.« Wir verhalten uns nicht länger wie Kinder, sondern wie mündige, erfolgreiche Erfüllungsprofis.

Wir wünschen nicht, wir manifestieren.

Hier ein Beispiel, wie du besser nicht formulieren solltest:

> Liebes Universum,
>
> ich wünsche mir so sehr eine schönere Wohnung.
> Bitte lass mich bald eine finden!
>
> Danke.

Gleich zwei Teufel in einer Formulierung:

1. **No-Go**: Ich wünsche mir ... »Ich wünsche« bedeutet Mangel, Sehnsucht.

2. **No-Go**: Bitte, bitte. »Bitte« ist ein Teufelchen, verkleidet als Flehen.

Bitte macht uns zum Opfer – bitte, bitte zum doppelten Opfer.

Ersetze »bitte« immer mit »danke«!

Danke macht uns zum Schöpfer.
Danke zieht die Erfüllung magisch an.
Bitte vertreibt sie.

Achtung! Falsche Formulierung:
»Bitte, bitte mach, dass ich in einer schönen Wohnung lebe.«

Die richtige Formulierung muss heißen:
»Danke, dass ich in dieser wunderschönen Wohnung lebe.«

Spürst du den Unterschied?

Kontrolliere am besten sofort, ob sich in deinen eigenen Wunsch »bitte« eingeschlichen hat.
Bestimmt.
Wir alle wurden so erzogen: »Sag bitte, sonst bekommst du es nicht.«
Irrtum!
Sag danke! Dann bekommst du es.

Zusammenfassung Regel Nr. 9

Danke statt bitte.

Formulierungsregel Nr. 10

Das Gefühl der Begeisterung und Vorfreude in sich spüren. Es muss kribbeln!

Der Kribbel-Faktor sendet eine unglaublich starke Anziehungsenergie aus.

Wenn du es schaffst, deinen Wunsch so zu formulieren, dass du schon durch deine Formulierung die Begeisterung, das Glück der Erfüllung mit allen Sinnen fühlst, dann bist du ein **Formulierungskönig**.

Das Gegenteil vom Kribbel-Faktor ist die Nüchternheit. Das Teufelchen verkleidet sich hier als langweilige, emotionslose Nüchternheit.

Hier ein nüchternes Beispiel:

> *Liebes Universum,*
>
> *ich lebe in einem Haus mit Garten.*
>
> *Danke.*

Was fühlst du hier? Nicht viel, oder? Bei dieser Formulierung kribbelt nichts. Also bei mir wenigstens nicht. Diese Formulierung ist so nüchtern und emotionslos wie eine weiße Wand.

Justieren wir etwas an der Formulierung herum und würzen sie mit etwas Begeisterung und Freude:

> Liebes Universum,
>
> ich liebe mein wunderschönes Haus und diesen herrlichen Garten mit dem Apfelbaum und der wilden Blumenwiese. Ich bin so glücklich in meinem Paradies.
>
> Danke, liebes Universum, dass du mich hierhergeführt hast.

Hier kribbelt es, nicht wahr?
Man sieht sich förmlich unter dem Apfelbaum stehen und die herrlichen bunten Blumen betrachten …

Betrachte du jetzt mal deine Wunschformulierung: Kribbelt es da auch? Wenn nicht, dann bring deine Wunschformulierung zum Kribbeln! Je mehr du deine Begeisterung fühlen kannst, umso stärker ist die Erfüllungsenergie, die du aussendest!

Kleine Kribbel-Universums-Brücke:
Jeder Schmetterling, den wir sehen, ist eine Erinnerung des Universums, dass wir einen Moment lang das Kribbeln unserer Wunscherfüllung spüren sollten, uns einen Moment lang so fühlen sollten, als ob unser Wunsch bereits erfüllt wäre.
Die Erfüllungsenergie, die wir damit aussenden, ist der reinste **Turbo-ins-Leben-Zieher.** Diese Energie wirkt, als würdest du direkt in das Alles-ist-möglich-Feld hineingreifen.

Das bedeutet dann, dass jeder Schmetterling, den wir sehen, dafür sorgt, dass sich unser Wunsch noch viel schneller erfüllt. Ich liebe Schmetterlinge ...

Zusammenfassung Regel Nr. 10

Mit Begeisterung.
Es muss kribbeln!

Fassen wir noch einmal kurz zusammen, worauf wir bei einer richtig guten Wunschformulierung achten müssen:

So sollte unsere Formulierung sein:

- positiv
- ohne »nicht« und ohne »kein«
- ohne »...frei«
- ohne die unmöglichen 3
- unabhängig
- im Jetzt angesiedelt
- auf die Essenz reduziert
- im Bereich deiner Vorstellungskraft
- ohne »bitte», aber mit »danke«
- kribbelig

Ich zeig dir jetzt mal an einem praktischen Beispiel, wie unsere Wunschformulierungscheckliste funktioniert. Schauen wir uns eine beliebige Formulierung näher an:

Wir nehmen jetzt einfach mal an, du wünschst dir eine neue Wohnung, weil deine jetzige Wohnung zu laut ist.

Deine Formulierung würde lauten:

> Liebes Universum,
>
> ich hätte gerne eine Wohnung,
> die nicht so laut ist.
>
> Danke.

Nun nimmst du die Checkliste zur Hand und schaust dir deine Formulierung genauer an. Wir nehmen unsere Formulierung quasi auseinander. Wir wollen ja alles entdecken, was die Erfüllung eventuell behindern könnte.

Finden wir heraus, ob wir unsere Regeln beachtet haben?
Ich hätte gerne eine Wohnung, die nicht so laut ist.

Regel	Inhalt deiner Formulierung	Beachtet? ja	nein
1	Positive Merkmale verwendet?	☐	☒
2	Nur gesagt, was du willst, nicht, was du nicht willst?	☐	☒
3	Ohne *nicht* formuliert?	☐	☒
4	Ohne *hätte, sollte, könnte, würde* formuliert?	☐	☒
5	Personenunabhängig?	☒	☐
	Firmenunabhängig?	☒	☐
	Standortunabhängig?	☒	☐
6	Hast du die Zukunft ins Jetzt geholt? Als ob dein Wunsch schon wahr wäre?	☐	☒
7	Hast du, wenn nötig, dem Universum Möglichkeiten gelassen?	☒	☐
8	Hältst du die Erfüllung für möglich?	☒	☐
9	Ohne »bitte», aber mit »danke« formuliert?	☒	☐
10	Spürst du bei deiner Formulierung Begeisterung und Vorfreude?	☐	☒

Ergebnis: Wir haben 6 x »nein« angekreuzt. So wird sich der Wunsch niemals erfüllen ... Bei einer optimalen Formulierung muss das Ergebnis 12 x ein Ja sein.

Und was jetzt? Kein Problem. Jetzt verwandeln wir jedes Nein in ein Ja ...
Um welchen Wunsch es sich auch immer handelt: Hast du in der Checkliste Nr. 1 auch nur einmal »nein« angekreuzt, dann kommt **Checkliste Nr. 2** zum Einsatz. Die Umwandlung beginnt. Jetzt fängt der Zauber an. Jetzt machen wir aus den NEINs – JAs ...

Schauen wir uns unser Beispiel näher an und »checken« wir die Formulierung:

> *Liebes Universum,*
>
> *ich hätte gerne eine Wohnung, die nicht so laut ist.*
>
> *Danke.*

Wenn du diese Formulierung ins Universum schickst, dann kann es sein, dass du irgendeine Kellerwohnung bekommst.
Aber das verhindern wir jetzt.

Wir schicken die Formulierung durch unsere Checkliste. Los geht's: »Ich hätte gerne eine Wohnung, die nicht so laut ist.«

★ Checkliste 2 ★

Für deine perfekte Wunschformulierung

Regel	Inhalt	ja	nein
1	**Positive Merkmale?**	☐	☒

Falsch: Eine Wohnung

Verbesserung: genauer beschreiben

Bsp. richtige Formulierung: eine helle 3-Zimmer-Wohnung

Regel	Inhalt	ja	nein
2	**Nicht, was du nicht willst**	☐	☒

Falsch: die nicht so laut ist

Verbesserung: Sag, was du möchtest

Bsp. richtige Formulierung: eine ruhige Wohnung

Regel	Inhalt	ja	nein
3	**Ohne nicht?**	☐	☒

Falsch: nicht so laut

Verbesserung: positiv formuliert

Bsp. richtige Formulierung: statt »nicht laut«: »ruhig«

Regel	Inhalt	ja	nein
4	Ohne *hätte, sollte, würde, könnte*	☐	☒

Falsch: Ich hätte gerne

Bsp. richtige Formulierung: Ich habe eine ruhige Wohnung.

Regel	Inhalt	ja	nein
5	Personenunabhängig	☒	☐
	Firmenunabhängig	☒	☐
	Standortunabhängig	☒	☐
6	Die Zukunft ins Jetzt geholt?	☐	☒

Falsch: Ich wünsche mir = Erfüllung ist entfernt

Verbesserung: so tun, als ob es schon wahr wäre

Bsp. richtige Formulierung: Ich lebe in einer ruhigen Wohnung.

Regel	Inhalt	ja	nein
7	Dem Universum Möglichkeiten lassen	☒	☐
8	Hältst du die Erfüllung für möglich?	☒	☐

Regel	Inhalt	ja	nein
9	**Ohne »bitte«, aber mit »danke« formuliert.**	☒	☐
10	**Spürst du die Begeisterung und deine Vorfreude?**	☐	☒

Falsch: Ohne Freude.

Verbesserung: Es muss kribbeln

Bsp. richtige Formulierung: Ich bin so glücklich.

Das Ergebnis unseres Checks ist ja, dass wir 6 x »nein« angekreuzt haben. Und jetzt beginnt die Verwandlung. Die Verwandlung vom Nein zum Ja.

Wenn wir diese Neins jetzt umdrehen und verbessern, sieht das so aus:

- sagen, was wir möchten, und nicht, was wir nicht wollen,
- positiv formulieren und nicht negativ,
- ohne »hätte«,

- so tun, als ob es schon wahr wäre, und den Wunsch ins Jetzt holen,
- die Vorfreude spüren, voller Begeisterung.

Damit ist unsere Formulierung – Simsalabim – genau richtig und sendet genau die Erfüllungsenergie aus, die loszieht und die Verwirklichung in unser Leben zieht.

Die neue, maßgeschneiderte Formulierung heißt dann:

> *Liebes Universum,*
>
> *ich bin so glücklich in dieser wunderschönen, ruhigen, lichtdurchfluteten 3-Zimmer-Wohnung. Und ich liebe diese herrliche offene Küche.*
>
> *Danke, dass du mich hierhingeführt hast.*

Spürst du den Unterschied?

Jetzt ist diese Formulierung 12 x ein Ja! Vom Kellerloch zur Traumwohnung sozusagen.

12 x ein Ja = Erfüllungs-Anziehungs-Energie gestartet.

Und genau das kannst du jetzt mit deinen Wünschen machen.

TIPP: Die Checkliste 1 und 2 kannst du dir auf www.silberschnur.de/wunschformulierung als PDF herunterladen und für jede neue Wunschformulierung ausdrucken und nutzen.

Teil II

Praktische Beispiele für Formulierungsprofis

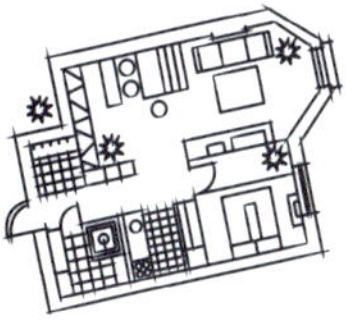

Thema: Wohnen/Leben

Das Thema Wohnen beschäftigt im Moment sehr viele von uns. Viele von uns wünschen sich eine schöne Wohnung oder vielleicht auch ein Haus für die Familie.

Schauen wir uns die häufigsten Formulierungen einmal näher an. Nehmen wir an, du möchtest eine neue Wohnung.

1. Beispiel für eine Auftragsformulierung:

Ich wünsche mir eine schöne Wohnung

Liebes Universum,

ich wünsche mir eine schöne Wohnung.

Danke.

Nehmen wir diese Formulierung **unter die Lupe.** Fällt dir etwas auf?

Genau – hier stimmt etwas nicht:

No-Go: Ich wünsche mir.

Wir sollen nicht wünschen, sondern manifestieren. So tun, als ob es schon wahr wäre.

No-Go: ... eine schöne Wohnung.

Diese Formulierung ist viel zu ungenau: Für die einen ist eine Penthousewohnung schön, für die anderen eine Wohnung mit Garten. Der eine will 2 Zimmer, der andere 4. Der ein möchte einen Balkon, der andere eine Garage ...
Wie soll DEINE Wohnung sein? Was ist dir wichtig? Lege die Eckdaten fest.

Formulierungsprofis formulieren so:

> Liebes Universum,
>
> ich bin so glücklich in dieser hellen, perfekt geschnittenen 3-Zimmer-Wohnung. Ich liebe diese wunderbare Raumaufteilung mit der großen Essküche. Die Wohnung ist perfekt.
>
> Danke, liebes Universum.

Wichtig:
Wir sind hier nicht bei *Wünsch dir was*, sondern bei: Wir ziehen durch unsere Formulierung etwas Bestimmtes in unser Leben. Wir ziehen die für uns perfekte Wohnung in unser Leben. Unsere Oase des Glücks.

2. Beispiel:

Du wünschst dir eine Wohnung mit Balkon.

Schauen wir uns eine häufig verwendete Formulierung einmal näher an:

> Liebes Universum,
>
> ich hätte gerne eine Wohnung mit Balkon.
>
> Danke.

Das ist ja eigentlich positiv formuliert.
Aber was stimmt hier trotzdem nicht?

No-Go: Ich hätte gerne ...

»Hätte« gehört zu den **unmöglichen 3.**
Hätte/würde/sollte immer sofort umformulieren.
Vorsicht! Jedes »hätte, würde, sollte« **entfernt** dich von der Erfüllung.

Richtig ist hier etwas in dieser Art:

Liebes Universum,

ich liebe meine Wohnung mit dem tollen Balkon.

Oder: Ich bin so glücklich mit dem großen Balkon.

Ich liebe es, in der Sonne in meiner Hängematte zu chillen.

Danke.

Wichtig für deine richtige Formulierung:
Formulierungsprofis schauen immer, ob sich nicht versehentlich einer von den unmöglichen 3 in die Formulierung verirrt hat. Wenn ja, formulieren sie sofort um.

Denk daran:
Hätte, hätte, Fahrradkette. Wir wollen keine Fahrradkette. Wir wollen eine tolle Wohnung! Unsere Oase des Glücks.

3. Beispiel:

Und noch ein Beispiel: Wie sieht es mit dieser Formulierung aus?

Liebes Universum,

meine schöne neue 3-Zimmer-Wohnung soll nicht im ...-Viertel sein und sie soll auf keinen Fall in einem Altbau sein. Die Wohnung soll auch bitte keine Dachschrägen haben.

Danke.

Kann man Dinge, die man nicht möchte, ausschließen? Nein. Bitte nicht.

Hier ist ein ganzer Club von Teufelchen am Werk. Gleich 3 No-Gos:

No-Go: nicht im ...-Viertel

No-Go: auf keinen Fall

No-Go: keine Dachschrägen

Formulierungsprofis sagen nie, was sie nicht möchten.

Wichtig:
Sag dem Universum nie, was du nicht haben möchtest. Sonst ziehst du genau das aus Versehen in dein Leben. »Nicht« und »kein« haben nichts in deiner Formulierung zu suchen.

Ist das okay für dich?

Gut, dann schauen wir weiter: Ist diese Formulierung dann besser?

> Liebes Universum,
>
> meine schöne, helle 3-Zimmer-Neubauwohnung liegt in der XY-Straße.
>
> Danke.

Ist schon besser, aber es steckt noch ein Teufelchen darin:

Richtig ist hier: Meine schöne, helle 3-Zimmer-Neubauwohnung.

Falsch ist:
No-Go: ... in der XY-Straße

Formulierungsprofis formulieren immer standortunabhängig.

Mit der Formulierung »in der XY-Straße« begrenzt du die Möglichkeiten des Universums, dich zu der für dich perfekten Wohnung zu führen. Letztlich ist es egal, ob deine neue Wohnung in der XY Straße liegt oder in der ABC-Straße. Wichtig ist nur, dass du richtig glücklich dort bist. Lass das Universum mal machen ...

Für eine gelungene Formulierung kannst du dich, wie alle Formulierungsprofis, an diesen 4 Punkten orientieren:

1. positiv formulieren,
2. nur das sagen, was du möchtest,
3. in der Gegenwart bleiben,
4. es muss kribbeln!

Wie sieht also eine wunderbare Formulierung für eine passende Wohnung aus? **Formulierungsprofis formulieren so:**

Liebes Universum,

wir sind sooo glücklich in dieser wunderschönen, lichtdurchfluteten 3-Zimmer-Wohnung mit der tollen großen Essküche und dem traumhaften Südbalkon. Und mit diesen vielen netten Nachbarn. Und der tollen Verkehrsanbindung.

Alles ist einfach perfekt.

Danke, liebes Universum.

Du bist großartig.

1. Wir sind sooo glücklich
   = Zukunft in die Gegenwart geholt.
2. 3-Zimmer-Wohnung, Essküche, Balkon, hell
   = genaue Beschreibung.
3. Danke.
4. Es kribbelt vor (Vor-)Freude.

Formulierungsprofis spüren die Freude. Mach du das auch: Du musst dein Glücklichsein schon spüren. Der Idealfall ist, dass dich ein Glücksgefühl durchströmt, wenn du deine Formulierung liest.

Die perfekte Formulierung kannst du jetzt an deinen ganz persönlichen Wohnungswunsch anpassen.

Hier einige Beispiele, wie das funktioniert:

> *Liebes Universum,*
>
> *ich bin sooo glücklich in meiner zauberhaften 2-Zimmer-Wohnung mit der schönen Einbauküche. Ich liebe es, abends auf meinem kleinen Balkon zu chillen. Und ich bin in 10 Minuten bei meiner Arbeit.*
>
> *Traumhaft.*
>
> *Danke, dass du mich hierhergeführt hast.*

Oder:

> *Liebes Universum,*
>
> *wir sind so glücklich in dieser unfassbar tollen und modernen Neubauwohnung mit den bodentiefen Fenstern. Und der Ausblick von unserer Dachterrasse ist einfach atemberaubend schön.*
>
> *Danke, liebes Universum.*
>
> *Danke, danke, danke.*

Oder:

Liebes Universum,

ich bin so glücklich in meiner hellen 2-Zimmer-Wohnung. Ich liebe die vielen Cafés gleich unten und dieses quirlige Leben. Ich fühle mich so glücklich und lebendig.

Danke dafür. Danke, liebes Universum.

So und jetzt du: Viel Freude mit deiner Formulierung!

Und denk dran:

- **Es muss kribbeln!**
- **Tue so, als ob du schon in dieser Wohnung leben würdest, also in der Jetzt-Zeit formulieren.**
- **Formuliere nur das, was du willst, und die Art von Wohnung, die du möchtest.**

P. S.: Vorsicht! Denke und sage nie wieder: »Es ist so schwer, eine Wohnung zu finden.« Diese Aussage bzw. dieser Gedanke macht deine tolle Formulierung sofort wieder kaputt. Deine Formulierung öffnet die Tür zur Erfüllung, aber dieser negative Gedanke wirft diese Tür mit Karacho wieder zu.

SILBERSCHNUR VERLAG
Das Leben
geht weiter …
… UND DU?
Leseproben unter www.silberschnur.de

Melani B

Wortinspirationen für neue Blickwinkel

Tagesimpulse, um ins tun zu kommen

Erlebe dich neu!
Lass dich durch die bunte Vielfalt der Wortinspirationen berühren.
Durch eigene Eintragungen unter den Impulsen hast du die wundervolle Möglichkeit, Anregungen, neue Sichtweisen und Ideen sowie einen klaren Blick für eigenes Erfühlen, Erkennen und Handeln zu gewinnen.
Eine spannende Reise zu dir selbst beginnt.
Denn die beste Zeit ist immer jetzt.
Neue Blickwinkel lohnen sich immer!

144 Seiten, 2-farbig, broschiert
ISBN 978-3-89845-667-8 · € [D] 10,00

Wenn du lieber ein Haus in dein Leben ziehen möchtest, kannst du ähnlich vorgehen. Beantworte dir selbst zuerst einige wichtige Eckdaten:
Welchen Typ Haus favorisierst du? Altes Haus/neues Haus; großer Garten/kleiner Garten, gepflegter, angelegter Garten/ursprünglicher Garten ...

Schauen wir uns das näher an:

Wir möchten ein Haus. Die Ursprungsformulierung lautet:

> *Liebes Universum,*
>
> *ich wünsche mir ein Haus mit einem individuellen Garten.*

Kann man das so formulieren? Nein, eher nicht. Aber was stimmt hier nicht?

No-Go: Ich **wünsche** mir ein Haus:
> Wünschen ist für Kinder! Wir manifestieren und ziehen Dinge bewusst in unser Leben.

Das formulieren wir also sofort um und berücksichtigen noch dazu die Jetzt-Zeit:

Aus »Ich wünsche mir«
wird »Ich bin glücklich.«

Ich bin sehr glücklich in meinem Haus mit dem individuellen Garten.

Nun zu der Formulierung »in meinem Haus». Was für ein Haus soll es sein? Beschreibe es näher. Lege die Eckdaten fest. Nehmen wir an, wir möchten **ein charmantes Holzhaus mit ausgebautem Dachgeschoß und einem großen Wohnzimmer mit offener Küche** in unser Leben ziehen. Dann könnte unsere Formulierung lauten:

> Liebes Universum,
>
> ich bin sooo glücklich in unserem charmanten Haus. Die Kinder lieben das ausgebaute Dachgeschoß und ich liebe unser großes Wohnzimmer mit der offenen Küche. Und den individuellen Garten.

Viel besser, aber bei der Formulierung »individueller Garten« prickelt es noch nicht genug. Wir sollten den Garten genauer beschreiben: Sagen wir, wir möchten einen **Garten mit vielen bunten Blumen und einem kleinen Teich mit einer Holzbank.**

Formulierungsprofis formulieren so:

Liebes Universum,

ich bin soo glücklich in unserem Holzhaus. Die Kinder lieben das ausgebaute Dachgeschoß und ich liebe unser großes Wohnzimmer und die offene Küche. Ich bin jeden Tag unendlich glücklich, wenn ich auf meiner Bank an meinem Teich sitze und mich an dem Meer aus blühenden bunten Blumen erfreuen kann.

Danke, liebes Universum.

Danke, dass du uns hierhergeführt hast.

Wichtig! Auch hier gilt wieder:

- Deine Formulierung muss ein Kribbeln der (Vor-)Freude bei dir auslösen.
- Tue so, als würdest du schon in dem Haus leben – also Jetzt-Zeit wählen.
- Beschreibe, wie dein Haus sein soll, was dir wichtig ist.
- Danke.

Und Vorsicht: Mit der Formulierung öffnest du die Türen. Wirf sie nicht versehentlich wieder zu, indem du heimlich denkst: Das können wir uns nicht leisten oder das kann ich mir nicht leisten. Überlass das dem Universum. Alles wird passend!

Praktische Beispiele für richtige Umformulierungen

Aus: Ich hätte gerne einen Park in Wohnungsnähe.
Wird: Ich liebe es, im Park nebenan zu laufen.

Aus: Ein großer Kellerraum wäre toll.
Wird: Toll, dass ich alles im Keller unterbringen kann.

Aus: Es soll kein Sendemast auf dem Haus sein.
Wird: Meine Wohnung hat wunderbare, gesunde Schwingungen.

Aus: Ich möchte nicht an einer Hauptstraße wohnen.
Wird: Ich genieße diese ruhige Lage.

Aus: Der Weg zur Haltestelle soll nicht so weit sein.
Wird: Die Verkehrsanbindung ist super! Ich bin in 5 Minuten an der Haltestelle.

Aus: Hoffentlich sind ein paar Geschäfte in der Nähe.

Wird: Das Tollste ist: Alle Geschäfte sind ganz nah.

Aus: Ich möchte in der Nähe meiner Familie wohnen.

Wird: Meine Familie ist in wenigen Minuten erreichbar.

THEMA:

PARTNER/LIEBE

Schauen wir uns einige Situationen und die damit verbundenen Wunschformulierungen einmal näher an.

1. Beispiel:

Du bist jetzt schon seit Jahren Single und möchtest endlich auch in einer glücklichen Partnerschaft leben.

Wie kannst du das richtig formulieren?

Formulierung 1:

Liebes Universum,
ich will nicht länger einsam sein.
Danke.

Das ist eine ganz besonders böse Formulierungsfalle. Damit ziehst du leider genau das an, was du nicht möchtest: einsam sein. Diese Formulierung ist **ein absolutes No-Go!**

Formulierung 2:

> Liebes Universum,
>
> ich möchte einen tollen Partner haben, der super zu mir passt.
>
> Danke.

Ist diese Formulierung richtig? Nicht ganz. Was stimmt hier nicht?

No-Go: »Ich möchte«.

»Ich möchte« liegt wie »ich hätte gerne« irgendwo in der Zukunft. Der Formulierungsprofi holt aber die Zukunft ins Jetzt und tut so, als ob der Wunsch bereits Realität wäre.

Nach Regel **Nr. 6** müsste es also lauten:

Liebes Universum,

ich lebe mit einem tollen Partner zusammen, der super zu mir passt.

Danke.

Ist das jetzt besser formuliert? Hmm ... Was fällt dir hier auf? Was stimmt eventuell immer noch nicht?

Genau: Diese Formulierung löst nichts aus! Hier kribbelt nichts! Um eine starke Erfüllungsenergie auszusenden, musst du diese starke Energie aber selbst spüren. Denn du kannst nur aussenden, was du fühlst.

Je stärker dein Kribbeln, umso stärker die Energie, die du aussendest ...

Gut, aber wie können wir eine stärkere Erfüllungsenergie erzeugen? Hier kommt **Regel Nr. 10** zum Einsatz: Indem du das Gefühl der Vorfreude stärker in deine Formulierung einbaust. Es muss kribbeln – und zwar so richtig.

Formulierungsprofis formulieren so:

Liebes Universum,

wir sind unendlich glücklich, dass wir uns gefunden haben. Wir verstehen uns unfassbar gut. Wir lachen den ganzen Tag und freuen uns. Es ist wunderschön.Wir gehören einfach zusammen.

Danke, liebes Universum, dass du uns zusammengeführt hast.

Daaaanke.

Oder so:

Liebes Universum,

ich bin soooo unendlich glücklich. Ich liebe unsere gemeinsamen Unternehmungen, wir lieben beide das Wandern und Surfen, was für ein unglaubliches Geschenk.

Danke, liebes Universum.
Du bist das Größte!

Spürst du den Unterschied?

Du kannst das natürlich noch optimieren und ausschmücken.
Ganz nach deinem Gusto. Hauptsache du spürst deine (Vor-)Freude.

2. Beispiel:

Dir gefällt jemand Bestimmtes sehr gut und du möchtest diesen jemand gerne als Partner/in in dein Leben ziehen.

Formulierung 1:
(In unserem Beispiel nennen wir diesen Jemand jetzt mal Max.)

Liebes Universum,
Max ist mein Partner.
Danke.

Ist das okay? Oder: Was stimmt hier nicht?

Regel Nr. 5: personenunabhängig bestellen.

Das hört sich zunächst nicht gut für dich an. Warum solltest du personenunabhängig bestellen, wenn du doch nur Max willst. Schließlich bist du verliebt in Max und möchtest im Moment einfach nur mit ihm zusammenleben. Das klappt ja vielleicht auch – aber nur, wenn Max genau der Richtige für dich ist.
Du weißt, dass er es ist? Nein, die Wahrheit ist: Du denkst, dass du weißt, dass er Mister Right ist. Aber das Universum weiß es besser. Das Universum kann

weiter sehen. Und in diesem Fall weiß das Universum vielleicht, dass Robert, den du jetzt noch gar nicht kennst, dein wahrer Seelenpartner ist. Das Universum wollte euch zusammenführen. Verschließe also nicht die Tür zu deinem Glück, indem du personenabhängig bestellst.

Unter diese Rubrik fällt übrigens auch dieser häufig geäußerte Wunsch:

> Liebes Universum,
>
> ich will meine Ex/meinen Ex zurück.

Lass es – diese Bestellung ist personenabhängig! Überlass die Angelegenheit dem Universum.

Formulierungsprofis formulieren so:

> Liebes Universum,
>
> mein Partner und ich sind sooo glücklich, glücklich, glücklich. Wir sind echte Seelenpartner. Wir sind beide angekommen.
>
> Danke, liebes Universum, dass du uns zusammengeführt hast.

Jetzt hat das Universum alle Möglichkeiten, dich mit deinem perfekten Partner zusammenzuführen. Auch diese Formulierung kannst du für dich passend ausschmücken und »ver-kribbeln«. Je mehr, umso besser.

3. Beispiel

Du wurdest von deinem Ex-Partner enttäuscht und wünschst dir jetzt eine neue Partnerschaft.

1. Formulierung:

Liebes Universum,

ich wünsche mir eine neue, glückliche Partnerschaft.

Danke.

Was stimmt hier nicht?
Ja, genau:

No-Go: Ich wünsche mir.

Wir sind hier nicht bei *Wünsch dir was*, sondern wir ziehen bewusst etwas in unser Leben. »Ich wünsche mir« entfernt dich von der Erfüllung.

Aus: Ich wünsche mir
wird: Ich lebe in einer glücklichen Partnerschaft.

2. Formulierung:

Liebes Universum,

ich möchte einen Partner, der mich nicht enttäuscht.

Danke.

Was stimmt hier nicht? Es stimmen gleich mehrere Faktoren nicht:

No-Go: »Ich möchte.«

Das entfernt uns von der Verwirklichung. Wir sollten so tun, als ob es schon wahr wäre.

No-Go: »... der mich nicht enttäuscht.«

Regel Nr. 2 beachten: nicht mit »nicht« formulieren! Sonst wirst du wieder enttäuscht!

Regel Nr. 1 beachten: immer positiv formulieren.

Aus: Ich möchte ...
wird: Ich habe ...

Aus: ... der/die mich nicht enttäuscht.
wird: ... der/die liebevoll und 100-prozentig an meiner Seite ist.

Jetzt fehlt nur noch **Regel Nr. 10:** Die Kribbel-Regel: Du musst das Gefühl der Freude einbauen.

Formulierungsprofis formulieren so:

> *Liebes Universum,*
>
> *ich fühle mich so wunderbar glücklich und geborgen. Es ist so wundervoll, dass du diesen wunderbaren Partner in mein Leben gebracht hast. Danke, dass wir uns gefunden haben. Danke für dieses wunderschöne neue Glück. Wir beide sind unfassbar glücklich.*

- Alles ist positiv formuliert.
- Es ist kein »nicht«, kein »kein«, kein »…frei« enthalten.
- Wir haben die Zukunft ins Jetzt geholt und tun so, als wäre es schon wahr.
- Wir erzeugen ein Gefühl der Freude und senden diese Energie damit aus.

Praktische Beispiele für die Umformulierung

Hier einige weitere Formulierungsfallen, die du vermeiden solltest: (Partner steht hier auch für Partnerin)

Aus: Ich will einen Partner, der nicht verheiratet ist.
Wird: Mein Partner ist ungebunden und frei für mich.

Aus: Ich will einen Partner, der nicht raucht.
Wird: Mein Partner lebt ganz gesund.

Aus: Mein Partner soll keine Geldsorgen haben.
Wird: Mein Partner ist finanziell sehr gut aufgestellt.

Aus: Mein neuer Partner soll kein Fremdgänger sein.
Wird: Mein Partner ist 100-prozentig loyal und treu.

Aus: Ich hätte gerne einen liebevollen Partner.
Wird: Mein Partner ist so liebevoll, rücksichtsvoll und verständnisvoll. Ich liebe es und ihn.

Aus: Mein neuer Partner soll möglichst einen guten Beruf haben.

Wird: Mein Partner hat einen tollen, interessanten Beruf.

Aus: Mein Partner soll sportlich sein.

Wird: Ich liebe unseren gemeinsamen Sport.
Oder: Mein Partner ist superfit.

Aus: Mein Partner soll genauso reiselustig sein wie ich.

Wird: Wir genießen unsere gemeinsamen Reisen in vollen Zügen (hier sind nicht volle Züge gemeint ☺).
Oder: Unsere gemeinsame Reise nach Indien (Australien, Afrika ...) war der Hammer.

Aus: Mein Partner soll nicht immer nur am PC sitzen.

Wird: Wir verbringen viiiel Quality Time miteinander.

THEMA:

FAMILIE/KINDER

Nun schauen wir uns Formulierungen in Zusammenhang mit der Familie an. Hier gibt es natürlich auch eine ganze Menge an Fallstricken und Stolpersteinen.

Wir schauen uns drei Beispiele näher an:

1. Beispiel:

Du träumst von einer eigenen kleinen/großen Familie.

Wie kannst du das formulieren?

Liebes Universum,

ich träume von einer eigenen Familie mit zwei Kindern.

Das würde mich sehr glücklich machen.

Danke, liebes Universum.

Diese Formulierung ist zwar nett, aber leider voller Teufelchen:

1. No-Go: Ich träume von ...
- Träumen ist nicht Manifestieren.
- Wir müssen die Zukunft ins Jetzt holen.

2. No-Go: Das würde mich glücklich machen.
Würde ist wie hätte, leider eine Fahrradkette.

Gut, dann vielleicht diese Formulierung?

Liebes Universum,

ich habe eine Familie mit zwei Kindern.
Das macht mich glücklich.

Danke dafür.

Da ist ganz okay, aber da könnte man noch eine Prise Freude darüberstreuen.

Ein Formulierungsprofi formuliert so:

Liebes Universum,

ich vergöttere meine kleine Familie.
Das Toben, Kuscheln, Lachen, ich liebe jede Sekunde.

Danke für dieses Glück.

Schauen wir uns das nächste Thema näher an:

1. Beispiel: Du hast eine Familie, zwei Kinder und dein Mann/deine Frau hat sich getrennt und euch verlassen. Das ist eine sehr schwierige Situation, und da kannst du jede Unterstützung vom Universum gebrauchen. Eine oft gestellte Frage ist: Wie soll man in so einer Situation positiv formulieren? In einer Situation, in der man am Boden zerstört ist, die Kinder todunglücklich sind und alles zusammenzustürzen scheint?
Okay, das ist in der Tat nicht einfach. Aber auch hier müssen wir in die Zukunft springen. Für die richtige Formulierung gilt auch hier: Du musst die Zukunft ins Jetzt holen, sämtliche verletzten Gefühle außen vor lassen und über deinen Schatten springen – für dein Glück und für das der Kinder.

Ein Formulierungsprofi formuliert so:

> Liebes Universum,
>
> ich bin sehr froh, dass wir uns alle gut verstehen und rücksichtsvoll und nett miteinander umgehen.
>
> Danke, dass wir diese Situation so gut gemeistert haben und weiterhin zusammen gute und fürsorgliche Eltern sind. Danke,

dass du uns die Kraft dafür gegeben hast.
Und danke, dass du nicht locker gelassen hast.

Danke, liebes Universum.

Damit hast du die Zukunft ins Jetzt geholt und die Tür für eine neue, glückliche Zeit geöffnet.

2. Beispiel:

Du machst dir Sorgen um jemanden aus deiner Familie.

Liebes Universum,

bitte mach, dass sich die Probleme von ... lösen.

Danke.

Oje, 2 Teufelchen in nur einem Satz:

No-Go: »bitte mach ...«

Bitte, bitte macht uns zum Opfer!

No-Go: »Probleme lösen ...«

Das Wort »Problem« darf in einer Formulierung nicht vorkommen. Lege stattdessen fest, welches Problem gelöst sein soll.

Nehmen wir an, das Familienmitglied hat Ärger im Job, und du wünschst dir so sehr für denjenigen, dass dieses Problem gelöst ist.

Ein Formulierungsprofi formuliert so:

> Liebes Universum,
>
> … ist rundum glücklich und zufrieden mit seinem/ihrem Job. Alles läuft perfekt und erfolgreich. Danke, liebes Universum, dass du mal wieder die genau richtigen Türen geöffnet hast. Ich bin rundum glücklich und erleichtert.

Diese Formulierung kannst du bei vielen Situationen einsetzen und anpassen, z. B. so:

> Liebes Universum,
>
> XY ist rundum glücklich. Danke, dass du mal wieder die richtigen Türen geöffnet hast. Das macht mich sehr glücklich.
>
> Danke dafür.

Praktische Beispiele für richtige Umformulierungen

Aus: Ich will keinen Streit mehr mit meinem Partner.
Wird: Mein Partner und ich verstehen uns blendend. Wir sind ein Herz und eine Seele und lachen endlich wieder.

Aus: Ich wünsche mir so, dass mein Kind endlich eine Wohnung findet.
Wird: Ich bin unendlich glücklich, dass mein Kind in dieser wunderschönen Wohnung lebt.

Aus: Hoffentlich wird mein Kind glücklich.
Wird: Ich bin so glücklich, dass mein Kind rundum glücklich und erfüllt ist.

Aus: Bitte mach, dass mein Partner diesen guten Job bekommt.
Wird: Mein Partner ist unendlich glücklich in seinem Job.

Aus: Hoffentlich wird mein Kind/Partner bei der Bewerbung angenommen.
Wird: Mein Kind/Partner ist superglücklich am neuen Platz.

Aus: Hoffentlich bekommen wir den Kita-Platz.

Wird: Unser Kind und wir sind glücklich mit der Kita. Es liebt die Kita und geht total gerne dorthin.

Aus: Ich will keine Eifersüchteleien mehr unter den Geschwistern.

Wird: Alle Geschwister verstehen sich blendend. Sie sind eine absolute Einheit.

Aus: Hoffentlich wird mein Kind an dieser bestimmten Schule angenommen.

Wird: Mein Kind ist an der genau richtigen Schule.

THEMA:

AUSBILDUNG/STUDIUM

Schauen wir uns Formulierungen zum Thema Ausbildung/Studium näher an:

1. Beispiel Ausbildungsplatz:

Du möchtest einen bestimmten Ausbildungsplatz, sagen wir zum Beispiel als Graphikdesigner. Wie sollst du das jetzt formulieren? Ist diese Formulierung gut:

Liebes Universum

ich möchte einen Ausbildungsplatz als Graphikdesigner bei der Firma A&B.

Danke, liebes Universum.

Ist das jetzt richtig? Nein! Und du weißt inzwischen sicher auch, warum nicht.

Genau. Weil in dieser Formulierung gleich zwei Teufelchen bzw. **No-Gos** stecken:

1. **No-Go:** »ich möchte«.
   Das entfernt uns von der Erfüllung!
   »Ich möchte« liegt irgendwo in der Zukunft – **wir sollen aber die Zukunft ins Jetzt holen**, also so tun, als ob sich unser Auftrag bereits erfüllt hätte.

2. **No-Go:** »bei der Firma A&B«
   Es ist wichtig, firmenunabhängig zu formulieren. Wir denken, eine Ausbildung in dieser bestimmten Firma sei das Beste für uns – aber vielleicht ist eine andere Firma, die wir noch gar nicht kennen, viel geeigneter für uns. Was wissen wir Menschen schon? Überlassen wir die Auswahl dem Universum.

Ist diese Formulierung dann besser:

Liebes Universum,

ich habe einen Ausbildungsplatz als Graphikdesigner.

Danke.

Ist zwar schon besser, aber auch noch nicht optimal. Weißt du auch, warum? Wir haben zwar die beiden **No-Gos** entfernt, aber es gibt noch eine Sache, die wir unbedingt einbauen sollten bzw. nicht vergessen sollten: das Kribbeln! Die Begeisterung. Die (Vor-)Freude. Die Formulierung oben ist zu farblos, hier kribbelt nichts! Absolut nichts! Kein Gefühl der (Vor-)Freude.

Ein Formulierungsprofi formuliert so:

> *Liebes Universum,*
>
> *ich bin überglücklich mit meiner Ausbildung zum Graphikdesigner. Die Firma hat mich total herzlich aufgenommen. Diese kreative Atmosphäre ist mega und die Arbeit macht viel Freude. Genau das wollte ich.*
>
> *Danke, liebes Universum.*
>
> *Danke, danke, danke.*

Diese Formulierungsvorgabe kannst du natürlich, wie immer, an deinen ganz individuellen Wunsch anpassen, erweitern und ausschmücken.

Zum Beispiel so:

Liebes Universum,

meine Ausbildung zur Arzthelferin erfüllt mich total. Der Chef ist toll, die Praxis ist sensationell. Und ich liebe den Umgang mit den Patienten, und die Patienten lieben mich.

Danke, liebes Universum. Ich bin glücklich.

2. Beispiel

Du möchtest dir einen Studienplatz beim Universum bestellen und schreibst folgende Formulierung in dein Wunscherfüllungsbuch:

Liebes Universum,

ich wünsche mir einen Studienplatz in Psychologie in Hamburg. Bitte mach, dass ich ausgelost werde.

Danke, liebes Universum.

Das ist ein 3er-Club von Teufelchen. Hier verstecken sich gleich 3 **No-Gos**.

Findest du sie?
Ja, genau:

No-Go: »Ich wünsche mir.«

Wir sind hier nicht bei *Wünsch dir was*, sondern bei: Wir ziehen etwas in unser Leben. In diesem Fall ziehen wir den Studienplatz in Psychologie in unser Leben. Außerdem müssen wir so tun, als ob die Erfüllung schon da wäre.

No-Go: ... in Hamburg.

Immer standortunabhängig formulieren. Lass dem Universum genug Möglichkeiten offen, dich zu dem für dich besten Ort zu führen. Auch wenn du im Moment denkst, dass der beste Ort zum Studieren für dich Hamburg ist, kann es durchaus sein, dass es eine Uni gibt, die:

- besser für dich geeignet ist.
- in der du dich besser entwickeln, entfalten kannst, deine Talente besser gefördert werden.
- du einer Person begegnest, die für dein weiteres Leben wichtig ist.

Verschließen wir keine Türen, indem wir standortbezogen formulieren. Sollte (in unserem Beispiel) Hamburg wirklich der ideale Ort für dein Studium sein, dann wird das Universum es so einrichten. Deine Aufgabe ist es, alle Möglichkeiten offenzuhalten.

No-Go: Bitte mach ...

Wir sind keine Kinder, die einen Wunsch vom Weihnachtsmann erfüllt haben möchten. Wir sind Manifestationsprofis! Wir danken – aber wir bitten nicht. Bitte macht uns zum Opfer. Danke macht uns zum Schöpfer.

Wenn wir diese 3 Erfüllungsbremsen nun entfernen, wird daraus:

Liebes Universum,

ich habe einen Studienplatz
in Psychologie.

Danke.

Besser, viel besser. Aber es fehlt noch etwas ...

Ja!! Genau – das Kribbeln! Die Begeisterung! Die (Vor-)Freude!

Ein Formulierungsprofi formuliert so:

> *Liebes Universum,*
>
> *danke für dieses tolle Psychologiestudium. Ich liebe es und ich liebe die Atmosphäre an meiner Uni. Es ist perfekt. Ich bin unendlich glücklich.*
>
> *Danke, liebes Universum. Daaanke.*

Spürst du wieder den Unterschied?

Diese Formulierung kannst du sehr gut übernehmen oder eben an deinen ganz persönlichen Wunsch anpassen.

Ach übrigens: Es gibt noch eine mögliche Falle, eine Falle im Denken: die Sache mit dem NC. Solltest du nicht den nötigen Numerus clausus haben und insgeheim denken, dass du mit deinem Durchschnitt nie und nimmer einen Studienplatz bekommen wirst, **dann ist dieser Gedanke eine Abbestellung**! Vorsicht!

Es gibt aber eine Möglichkeit, dich selbst auszutricksen: Und zwar kannst du die Essenz hinter deinem Wunsch formulieren. Die Essenz hinter dem Psychologiestudium ist, dass du als Psychologe oder Therapeut arbeiten möchtest.

Hier solltest du einen Schritt vorausgehen, also das WIE – den Weg, wie du Psychologe wirst – überspringen, und dich auf das Ergebnis konzentrieren. Geeignet dafür ist z. B. diese Formulierung:

> Liebes Universum,
>
> ich liebe meine Arbeit als Therapeutin.
>
> Meine Patienten öffnen sich mir gegenüber total und sie lieben mich. Ich bin sooo glücklich mit meiner Praxis. Was für ein wunderbar erfülltes Leben.
>
> Danke, liebes Universum. Danke für alles.

Also, du hast immer die Möglichkeit, einen Schritt weiterzugehen. Du musst es nur für absolut möglich halten.

Praktische Beispiele für richtige Umformulierungen

Aus: Ich hätte gerne einen Azubi-/Studienplatz als ...
Wird: Ich liebe meine Ausbildung, mein Studium ...

Aus: Ich glaube, ich würde gerne eine Ausbildung in der Kita machen.
Wird: Meine Ausbildung zur Erzieherin ist toll. Ich liebe die Arbeit mit den Kindern.

Aus: Ich möchte auf keinen Fall in einer Riesenfirma arbeiten.
Wird: Ich genieße die persönliche, familiäre Atmosphäre in meiner Firma sehr.

Aus: Ich wünsche mir sooo sehr, dass ich an dieser Uni angenommen werde.
Wird: Ich studiere an der für mich genau richtigen Uni.

Thema: Beruf/Berufung

Wenden wir uns nun den Formulierungen zum Thema Beruf zu.

Beispiel 1:

Du möchtest eine anspruchsvollere Stelle.

Deine Formulierung lautet:

Liebes Universum,
ich möchte eine neue Stelle haben.
Danke.

Was stimmt hier nicht?

No-Go: Ich möchte

– »möchte« versperrt die Erfüllung, genauso wie »ich hätte gerne». Stattdessen müssen wir die Zukunft ins Jetzt holen, also so tun, als ob unser Wunsch bereits erfüllt wäre.

Hinzu kommt, dass diese Formulierung zu schwammig ist. Sie hat zu wenig Inhalt. Wir müssen für uns wichtige Eckdaten festlegen: Wie soll die Stelle aussehen?

Beschreibe sie genauer: Eine Stelle, auf der ich … Anforderungen erfüllen kann. Beschreibe diese Anforderungen.

Beispiel: Du bist Mitarbeiter in einem großen Onlinemodehaus und möchtest Abteilungsleiter werden. –

Solltest du dann so tun, als ob dies schon wahr wäre und so formulieren:

Ich arbeite als Abteilungsleiter
der Abteilung xy.

Danke.

Der Ansatz ist richtig, aber hier fehlt noch etwas. Es fehlen wieder das Kribbeln und die (Vor-)Freude.

Ein Formulierungsprofi formuliert so:

> Liebes Universum,
>
> die Arbeit als Abteilungsleiter macht mir eine Riesenfreude.
>
> Ich liebe meine Abteilung. Und die Zusammenarbeit mit dem Team klappt hervorragend. Genau das wollte ich schon immer.
>
> Danke. Daaanke!

Diese Formulierung kannst du natürlich wieder an deine persönlichen Wünsche anpassen.

2. Beispiel:

Du wünschst dir mehr Anerkennung. Du möchtest die Karriereleiter höher steigen, befördert werden, z. B. zum Projektleiter.

Ein Formulierungsprofi formuliert so:

> Liebes Universum,
>
> ich liebe meine Stelle als Projektleiter. Endlich angekommen.

Und danke für die gute Bezahlung und die netten Kollegen. Ich bin sehr glücklich und erfüllt.

Das ist es, was ich wollte.

Danke für alles!

3. Beispiel:

Du möchtest gern eine Stelle bei einer bestimmten Firma:

Liebes Universum,

ich habe eine Stelle bei der Firma A&B.

Die Stelle ist toll und macht richtig Freude.

Danke.

Analyse:
Das ist hier gut: Die *Zukunft ins Jetzt geholt, positiv formuliert, kein kein und kein nicht* – so weit, so gut.

Aber was stimmt hier trotzdem noch nicht? Genau: die firmenbezogene Bestellung. Firmenunabhängig zu formulieren ist besser. Wir denken vielleicht im Moment, eine Stelle in einer bestimmten Firma wäre das Beste für uns. Aber das Universum weiß mehr. Vielleicht gibt es eine Firma, die wesentlich besser für dich geeignet wäre, bei der du die Karriereleiter schneller emporsteigen würdest oder eine bessere Life-Work-Balance hättest …

Du möchtest z. B. unbedingt bei Apple arbeiten – du denkst, das sei die perfekte Firma für dich. Kann sein, muss aber nicht sein. Vielleicht wäre die Stelle bei dem Start-up, die das Universum für dich vorgesehen hat, viel besser. Dort würdest du ein Riesending aufziehen.

Natürlich kannst du firmenabhängig bestellen – aber dann kann es eben auch Enttäuschungen geben. Was wissen wir schon? Lassen wir lieber das Universum aussuchen – von »oben« hat es einen besseren Überblick.

4. Beispiel:

> Liebes Universum,
>
> meine Stelle als Zirkusdirektor ist der Wahnsinn.
>
> Ich liebe diese Atmosphäre, diesen Zirkusgeruch, das tobende Publikum,

die Spannung bei den Vorführungen, die leuchtenden Kinderaugen ... Ich liebe es.

Ich bin der beste Zirkusdirektor der Welt.

Danke.

Kleiner Spaß! ☺

Aber in jedem Spaß steckt auch eine Prise Ernst: Diese Formulierung ist so voller Enthusiasmus, dass man am liebsten gleich in den Zirkus gehen würde, nicht wahr?

Und genau so sollte DEINE Formulierung auch sein.

Praktische Beispiele für richtige Umformulierungen

Aus: Ich möchte erfolgreich sein.
Wird: Ich bin erfolgreich.

Aus: Ich möchte nicht mehr gemobbt werden.
Wird: Ich verstehe mich super mit meinen Kollegen. Wir sind ein tolles Team.

Aus: Ich möchte keinen Stress bei der Arbeit.
Wird: Ich erledige meine Arbeit ruhig, konzentriert und gelassen.

Aus: Ich möchte befördert werden.
Wird: Danke für die Beförderung. Die neue Stelle ist der Hammer.

Aus: Ich möchte, dass meine Arbeit gewürdigt und anerkannt wird.
Wird: Danke für die Anerkennung. Ich fühle mich beflügelt.

Aus: Ich wünsche mir mehr Aufträge.
Wird: Die Nachfrage ist bombastisch.

Aus: Hoffentlich klappt das mit der Stelle bei der Firma ...
Wird: Ich habe die perfekte Stelle.

Aus: Ich wünsche mir, dass ich Beruf und Kinder unter einen Hut bringe.
Wird: Meine Stelle ist total familienfreundlich.

Aus: Ich würde so gerne ein kleines Geschäft eröffnen.
Wird: Ich liebe mein kleines Geschäft. Es hat eingeschlagen wie eine Bombe.

Aus: Ich würde so gerne mein Hobby zum Beruf machen.
Wird: Ich lebe meine Berufung. Das ist unendlich erfüllend.

Aus: Ich würde auch gerne mal ein Buch schreiben.
Wird: Mein Buch ist wunderbar geworden. Die Leute lieben es.

Thema: Geld/Finanzen

Nun kommen wir zum Thema Geld/Finanzen.

Beispiel:

Du möchtest endlich eine Gehaltserhöhung.

Wie solltest du das am besten formulieren?

Liebes Universum,

ich möchte eine richtige Gehaltserhöhung, nicht wieder nur 50 Euro mehr im Monat.

Danke.

Hilfe! Was stimmt hier nicht?

Eigentlich alles. In dieser Formulierung stecken gleich 2 Teufel:

No-Go : »Ich möchte«

Jedes »möchte« entfernt dich von der Erfüllung.

No-Go: nicht wieder nur 50 Euro.

Regel: **Sage dem Universum nie, was du NICHT möchtest.**

Ist diese Formulierung dann besser?

Liebes Universum,

ich werde eine saftige Gehaltserhöhung bekommen.

Danke.

Nicht wirklich: Hier hat sich das Teufelchen als »Ich werde bekommen« verkleidet. »Ich werde bekommen« – hier liegt die Erfüllung in der Zukunft. Wir sollen aber die **Zukunft ins Jetzt** holen – also so tun, als ob sich unser Wunsch bereits erfüllt hätte.

In der Jetzt-Form heißt es dann:

Liebes Universum,

ich freue mich über meine Gehaltserhöhung.

Danke.

Das ist schon viel besser.
Wenn du jetzt noch Eckdaten festlegst, also welche Erhöhung dir vorschwebt, dann wäre es noch wirkungsvoller. (Denn auch 20 Euro mehr sind eine Gehaltserhöhung …)

Ein Formulierungsprofi formuliert so:

Liebes Universum,

danke für diese großartige Gehaltserhöhung.

Der Tagessatz von 450 Euro macht mich glücklich.

Jetzt kann ich mir … leisten

Danke, danke, danke.

Das verdiene ich auch.

Verdienst kommt von verdienen.
Mach dir das innerlich bewusst: DU hast diese Gehaltserhöhung verdient!

Oder so:

Liebes Universum,

danke für diese wunderbare Gehaltserhöhung.

Ich bin glücklich und fühle mich frei.

Das habe ich verdient.

Danke.

Oder so:

Liebes Universum,

Wahnsinn. Danke für die Gehaltserhöhung.

Ich verdiene jetzt 6500 Euro im Monat, geht doch.

Jetzt kann ich mir eine größere Wohnung leisten.

Danke, liebes Universum. Das habe ich auch verdient.

Beispiel 2:

Du möchtest endlich deine Geldsorgen loswerden bzw. lösen.

Liebes Universum,

ich habe keine Geldsorgen mehr.

Oder: Ich bin frei von Geldsorgen.

Oder: Ich bin meine Geldsorgen los.

Danke.

Diese Formulierungen gehen leider gar nicht. Das sind gleich mehrere dicke Teufel:

No-Go: keine

Sag dem Universum nicht, was du nicht willst. In deiner Formulierung darf kein KEIN vorkommen!

No-Go: Geldsorgen

Sage nicht, was du NICHT möchtest. Formuliere deinen Wunsch immer positiv. Sorgen sind negativ.

No-Go: frei von …

No-Go: meine Geldsorgen los

Aber wie soll man denn Geldsorgen positiv formulieren?

Ganz einfach. Indem wir das Wort »Sorgen« aus unserem Wortschatz streichen. Schauen wir uns an, was das **Gegenteil** von den Sorgen ist. Was ist, wenn du keine Geldsorgen hast? Dann bist du wohlhabend, finanziell unabhängig, fühlst dich frei, kannst dir etwas Bestimmtes leisten usw.

Ein Formulierungsprofi formuliert so:

> Liebes Universum,
>
> ich bin wohlhabend und kann mir alles leisten, was ich mir wünsche.
>
> Ich liebe diese Freiheit, dieses Glück. Und ich kann meinen Lieben Herzenswünsche erfüllen – das macht mich sooo glücklich,
>
> Danke, liebes Universum. Daaanke dafür.

Wenn dein Konto immer wieder im Minus ist und du dir wünschst, dass sich das ändert, kannst du das **wie ein Formulierungsprofi** formulieren:

> Liebes Universum,
>
> mein Kontostand beträgt 7500 Euro im Haben.
>
> Ich bin reich! Und glücklich. Und frei!
>
> Danke für den Geldregen.

Vorsicht vor dieser weit verbreiteten Erfüllungsbremse:

Der Gedanke: Geld mache nicht glücklich. Natürlich macht Geld allein nicht glücklich, aber kein Geld macht auch nicht glücklich. Im Gegenteil.
Wenn du diesen Gedanken, »Geld macht nicht glücklich«, in dir verwurzelt hast, dann kannst du bestellen und formulieren, so viel du willst. Aber es wird nichts bringen. Du musst zuerst diesen alten Glaubenssatz loslassen, dann klappt es auch mit dem Manifestieren der finanziellen Fülle! Und: Geld schenkt uns eine gewisse Freiheit – verinnerlichen wir das.

Beispiel 3:

Dein Geschäft/Business soll besser laufen.

Kannst du das so formulieren?

Liebes Universum,
mein Geschäft soll besser laufen.
Danke.

Nein, auf keinen Fall!

No-Go: Es soll besser laufen.

Diese Formulierung beinhaltet: Es läuft schlecht. Tut es zwar auch, aber genau das wollen wir ja ändern. Und das ändern wir nur, wenn wir eine andere Energie aussenden.

Das Gleiche gilt übrigens für diese Formulierung:

> Liebes Universum,
> ich möchte bitte mehr Kunden haben.
> Danke.

Damit signalisierst du: Ich habe im Moment zu wenig Kunden. Darin steckt Mangel. Zu wenig = Mangel. Und Mangel zieht leider nur noch weiteren Mangel an.

»Ich möchte bitte« kannst du sagen, wenn du ein Stück Schokolade möchtest. Hier geht es aber um Kunden.

Formulierungsprofis möchten nicht, sondern haben bereits:
»Du möchtest« nicht mehr Kunden haben – du **hast** mehr Kunden. Sie rennen dir die Bude ein!

Zum Thema Geld und Finanzen gehören natürlich sämtliche materiellen Dinge. Hier stellt sich dann die Frage: Was genau möchtest du in dein Leben ziehen? Zum Beispiel ein Auto oder ein E-Bike, einen neuen Laptop, eine neue Küche oder ein neues Schlafzimmer?

Hier immer positiv formulieren und an die Freude denken.

Formulierungsprofis formulieren so:

> Liebes Universum,
>
> ich bin sooo glücklich mit meinem E-Bike. Ich sause von A nach B – das ist toll.
>
> Ich liebe meine neue Freiheit.
>
> Danke, liebes Universum.

Oder so:

> Liebes Universum,
>
> ich liebe diese neue Küche, und ganz besonders liebe ich die Kochinsel und das gemeinsame Kochen mit meinen Freunden. I love it – das ist so wunderschön.
>
> Die besten Partys sind in meiner Küche.
>
> Danke, liebes Universum.

Praktische Beispiele für Umformulierungen

Aus: Ich brauche mehr Geld.
Wird: Ich bin finanziell unabhängig.

Aus: Ich möchte mehr verdienen.
Wird: Ich verdiene den Betrag X.

Aus: Ich wünschte, ich hätte mehr Geld auf dem Konto.
Wird: Mein Kontostand beträgt ...

Aus: Ich wünsche mir ein neues Auto.
Wird: Mein neues Auto ist der Hammer. Es ist absolut klimaneutral. Ich liebe es.

THEMA:

SELBSTENTWICKLUNG/SEELENPLAN

Thema Selbstverwirklichung:
Du möchtest deinen Seelenplan leben.

1. Beispiel

Du möchtest nicht nur funktionieren und im Hamsterrad laufen. Du möchtest deinen Seelenplan leben.

Wie kannst du das formulieren?

Liebes Universum,

ich möchte so gerne meinen Seelenplan leben.

Zeig mir, welcher Plan das ist.

Danke

Darin steckt wieder unser Lieblings-**No-Go** :
»Ich möchte so gerne …«

Die Formulierung **Zeig mir** ist eine Ausnahme. Eigentlich sollten wir ja die Zukunft ins Jetzt holen und so tun, als ob sich unser Wunsch bereits erfüllt hätte. Das ist natürlich die Idealformulierung.

Ausnahmsweise kannst du aber auch »Liebes Universum, zeig mir …« sagen. Und zwar deshalb, weil dahinter ein fester Auftrag ans Universum steckt. Du folgst den Zeichen, die das Universum dir gibt, und wirst so zu deinem Seelenplan geführt.

Ein Formulierungsprofi formuliert so:

Liebes Universum,

endlich angekommen.

Ich bin unendlich glücklich, dass ich das Leben führe,

für das ich geboren wurde.

Danke, dass du mich mit meiner Seele und meinem Seelenplan verbunden hast.

2. Beispiel:

Du wünschst dir mehr Zeit für dich. Oder vielleicht wünschst du dir eine entspannende Yogareise oder etwas Ähnliches.

Liebes Universum,

ich würde gerne eine Woche in einem Yoga-Resort verbringen.

Danke.

No-Go: »Ich würde gerne ...«

Würde gehört zu den unmöglichen 3.

Ein Formulierungsprofi formuliert so:

Liebes Universum,

die Yogareise tut mir unendlich gut.

Ich habe meine Balance wiedergefunden und fühle mich rundum wohl und gestärkt.

Danke dafür. Das hat so gutgetan.

3. Kontakt zum höheren Selbst

Es gibt eine wichtige Sache, die uns dauerhaft glücklich sein lässt: die Verbindung mit unserem höheren Selbst. Du kennst ja bestimmt das Buch »Wer bin ich – und wenn ja, wie viele?« von Richard David Precht.

Ja, wie viele sind wir eigentlich? Die Antwort ist: Auf jeden Fall bist du 2: nämlich du und dein höheres Selbst. Zusammen seid ihr eine Einheit und erst zusammen fühlt ihr euch vollkommen.

Wie können wir diesen spirituellen Wunsch formulieren?

Liebes Universum,
ich habe Kontakt zu meinem höheren Selbst.
Danke.

Das ist formal richtig, aber hier fehlt wieder etwas?

No-Go: ohne Freude.
Hier fehlt die Leidenschaft! Die Begeisterung. Das Glück.

Erinnern wir uns an die Formulierung des Zirkusdirektors. Streuen wir eine Prise von diesem Enthusiasmus in unsere Formulierung.

Formulierungsprofis formulieren so:

Liebes Universum,

ich habe mein höheres Selbst wieder-entdeckt. Wir sind tief miteinander verbunden.

Zusammen, das fühlt sich wunderbar an, als wäre es nie anders gewesen. Es fühlt sich an, wie nach Hause zu kommen.

Danke, liebes Universum.
Danke für diese tiefe Verbundenheit.

Hier nun noch einige praktische Beispiele für Umformulierungen

Aus: Ich möchte mehr Sport treiben, aber mir fehlt die Zeit oder ich kann mich nicht überwinden.

Wird: Ich bin topfit und richtig sportlich.

Aus: Ich würde mich gerne gesünder ernähren.

Wird: Ich liebe mein gesundes, hochwertiges und ballaststoffreiches Essen.

Aus : Ich würde gerne 10000 Schritte am Tag gehen.

Wird: Ich genieße meine 10000 Schritte am Tag. Ich fühle mich rundum wohl und ausgeglichen.

Aus: Ich möchte unbedingt mit dem Rauchen aufhören.

Wird: Ich lebe rundum gesund und atme tief durch. Meine Lunge ist frei.

Aus: Ich wünsche mir mehr Zeit für mich.

Wird: Meine Ruhepausen sind mir heilig.

Aus: Ich würde so gerne meinen Herzenswunsch leben. Aber ich traue mich nicht.

Wird: Mein Leben ist wunderschön und magisch. Ich lebe genau das Leben, das ich leben sollte.

Aus: Ich wünschte, ich könnte meditieren, aber bei mir klappt das nicht.

Wird: Ich liebe meine kleine Zeit für mich und meine Einkehr.

Aus: Ich würde so gerne meine Gedanken beruhigen.

Wird: Ich bin in meiner Mitte, ruhig und gelassen – wie ein tief verwurzelter Baum.

SCHLUSSWORT

Du siehst, es ist gar nicht so schwer, ein Formulierungsprofi zu werden. Einfach unsere zehn Regeln beachten und die ein oder andere Formulierungsfalle umschiffen, aus einem Nein ein Ja machen ... und schon klappt's mit der richtigen Formulierung.

Und genau diese richtige Wunschformulierung ist es, die dir sämtliche Türen öffnen wird. Je besser deine Formulierung ist, umso weiter öffnet sich die Tür für die Erfüllung. Du weißt ja jetzt: Das Geheimnis heißt 12 x ein Ja.

Mit der richtigen Formulierung, dem Kribbelfaktor und dem Gefühl der Begeisterung und (Vor-)Freude bist du auf dem besten Weg, ein **Manifestationsprofi** zu werden.

Das bedeutet: **Die richtige Formulierung ist das Handwerkszeug, um bewusst Dinge in dein Leben ziehen zu können.**

Es gibt aber noch eine klitzekleine Sache, die du unbedingt beachten musst: DU DARFST NIEMALS ZWEIFELN!

Okay, die Bedeutung dieses Satzes ist nicht klitzeklein, sondern in Wahrheit riesengroß. Denn jedes Mal, wenn du auch nur etwas an der Erfüllung zweifelst (nach dem Motto »mal sehen, ob das überhaupt klappt«), geht die Tür, die du so wunderbar geöffnet hattest, wieder ein kleines Stückchen zu.

Die richtige Formulierung und das Gefühl der Freude senden eine unglaublich starke Erfüllungsenergie aus. Und diese Energie ist es, die die Verwirklichung deines Wunsches anzieht und ihn dann in deinem Leben manifestiert.

Irgendwann später dann wirst du allein mit der Kraft deiner Gedanken Dinge in dein Leben ziehen können. Jetzt aber beginnen wir erst mal mit der perfekten Wunschformulierung. Ab jetzt checken wir jede Formulierung erst einmal mit unserer Liste ab, bevor wir den Auftrag ins Universum schicken. Und wenn wir 12 x ein Ja erreicht haben, kann er losziehen und unsere Wünsch erfüllen. Das ist der vielleicht wichtigste Schritt auf dem Weg zum Verwirklicher.

Wir werden Profis. Nein, wir SIND Profis! Wunschformulierungsprofis. DU bist ein Formulierungsprofi.

Da macht uns keiner mehr was vor.

Mach mit – sei dabei!

Folge mir auf Instagram, Facebook und YouTube:

gillanjana

Anjana Gill Sprechen Sie Kosmisch

Anjana Gill

www.anjanagill.de

Über die Autorin

Anjana Gill ist Deutschlands bekannte Glücksexpertin mit deutsch-indischen Wurzeln.
Als Bestsellerautorin beschäftigt sie sich seit über 20 Jahren mit den Themen um Wunscherfüllung, Manifestation und das persönliche Glück. Ihre Leidenschaft ist es zu zeigen, dass es tatsächlich eine Verbindung zwischen Visualisierung und Realität gibt, die das Leben auf ungeahnte Weise bereichern kann.

Anjana Gills Motto: »Alles ist möglich – wenn du mit der Kraft der eigenen Gedanken zusammenarbeitest.«

Wir und das Universum – da geht was ...

Ihr Motto: Alles ist möglich – wenn du mit dem Universum zusammenarbeitest.
Es gibt eine Verbindung, die unser irdisches Leben mit den scheinbar unbegrenzten Möglichkeiten des Universums vereint – spannend, aufregend, magisch, erfolgreich.

Wir und das Universum – da geht was ... ♥

Die Bestseller von Anjana Gill

Anjana Gill

Ein Kurs im Wünschen – Deine Manifestationskarten

Ein ganzes Jahr im Universumsmodus

Werde zu einem echten Manifestationsprofi! Anjana Gill zeigt dir, wie du deine Bestellungen beim Universum auf ein neues Level hebst. Jede Woche erwartet dich eine Karte mit einer kurzweiligen Aufgabe, die dich zu einem Spiel mit dem Universum einlädt. So wird jede einzelne Woche zu einem Erfolgserlebnis, und deine Wünsche werden auf magische Weise Realität …
Das Universum ist immer an deiner Seite! Aber sieh selbst und zieh deine erste Karte … ☺

52 Karten, mit Begleitheft, in Box · ISBN 978-3-96933-038-8 · € [D] 20,00

Anjana Gill

Danke, liebes Universum

95,7% Wunscherfüllung

Es funktioniert tatsächlich:
Das Universum erfüllt Wünsche.
Seit ich angefangen habe, das Universum zu 'testen', kann ich nur noch staunen und mich freuen. Es ist fast unglaublich, was alles möglich ist.
Die Frage ist nur: Wird das Universum auch deine Wünsche erfüllen? *Ja klar, wird es das.*
Locker und mit viel Witz zeigt Anjana Gill dir, wie auch du deine Wünsche vom Universum erfüllt bekommst.

208 Seiten, 2-farbig, broschiert · ISBN 978-3-89845-610-4 · € [D] 12,00

Anjana Gill

Du und das Universum – da geht was!

Dein persönliches Wunscherfüllungsbuch

Das Geheimnis hinter der Wunscherfüllung ist das Aufschreiben, denn Aufgeschriebenes erfüllt sich besser und schneller.
In diesem magischen Wunscherfüllungsbuch gibt Anjana Gill dir wertvolle Tipps zur erfolgreichen Formulierung, der Gestaltung einer zum Wunsch passenden Collage und zeigt dir Wunscherfüllungsbeschleuniger.
Schreib deine sehnlichsten Wünsche hier hinein – der Erfolg wird dich begeistern.

144 Seiten, 2-farbig, mit Farbteil, broschiert · ISBN 978-3-89845-642-5 · € [D] 12,00

Anjana Gill

77 Lifehacks zur Wunscherfüllung

Tipps & Tricks: Erfolg mit dem Universum

Profi-Tricks zur Wunscherfüllung!
Was immer auch dein Wunsch ist: es gibt 77 Tipps und Tricks für eine schnelle Erfüllung, die du unbedingt kennen solltest.
Anjana Gill zeigt dir diese Tipps und auch, welche Fallen und Hindernisse du unbedingt vermeiden solltest. Jetzt kann die Erfüllung nichts mehr stoppen.
Du und das Universum – jetzt ist alles möglich.

176 Seiten, durchgehend farbig, gebunden · ISBN 978-3-96933-019-7 · € [D] 16,00

Anjana Gill

Danke für die wunderbare Lösung

Mit dem Universum löst du jedes Problem

Es gibt im Leben immer ein Problem, das uns stört. Aber es gibt eine Lösung!
Durch Vorstellungskraft, perfekte Formulierungen, die richtigen Worte und faszinierende Universumsspielchen kannst du JEDES Problem auflösen.
Anjana Gill zeigt an 50 Beispielen, wie das genau funktioniert – und wie du das für dich und dein eigenes Leben umsetzen kannst.
Es gibt nichts, das wir nicht ändern könnten.
Liebes Universum, wir lösen unsere Probleme auf. Danke!

160 Seiten, 2-farbig, broschiert · ISBN 978-3-96933-005-0 · € [D] 12,00

Anjana Gill

Liebes Universum, was willst du mir sagen?

Die Bedeutung von Zahlen, Träumen und vielem mehr …

Das Universum kommuniziert nicht in einfachen Worten, sondern spricht über Zeichen zu uns: über kleine, große, alltägliche und ungewöhnliche – das Universum ist sehr kreativ, wenn es darum geht, mit uns Kontakt aufzunehmen. Oft aber erkennen wir die Zeichen nicht. Anjana Gill offenbart uns die kosmischen Geheimnisse, um die Zeichen zu erkennen und in Zukunft keine einzige wichtige Botschaft des Universums zu verpassen.

192 Seiten, 2-farbig, broschiert · ISBN 978-3-96933-063-0 · € [D] 14,00

Anjana Gill

Sprichst du schon kosmisch?

Deutsch – Kosmisch, Kosmisch – Deutsch

Kosmisch leben ist der Durchbruch zu einem völlig neuen Lebensgefühl. Wünsche waren gestern, Erfüllung ist heute.
Anjana Gill entschlüsselt den »Geheimcode« für die Zusammenarbeit mit dem Universum. Denn das Universum und wir können die gleiche »Sprache« sprechen und so die Türen zu einem unfassbar schönen Leben öffnen.
Bisher hieß es: Das Leben ist anstrengend. Auf Kosmisch wird daraus: Ich bin ein Glücksmensch.

224 Seiten, 2-farbig, broschiert · ISBN 978-3-89845-654-8 · € [D] 15,00

Toni Carmine Salerno

Liebesorakel – Amors Botschaften

Ein Bild sagt mehr als tausend Worte – nach diesem Motto wurde auch das Kartendeck aus Reproduktionen der visionären Bilder des Künstlers Toni Carmine Salerno gestaltet. Mit 44 bewegenden Karten, die inspirieren und Führung in Herzensangelegenheiten anbieten, umfasst es all die vielen verschiedenen Aspekte von Liebesverbindungen und bietet überdies einen intuitiven Zugang zur Arbeit mit Beziehungen.
Das Kartendeck kann allein oder zu zweit gespielt werden.

44 farbige Herzkarten in Box · ISBN 978-3-89845-120-8 · € [D] 16,00

Weiterführende Informationen zu
Büchern, Autoren und den Aktivitäten
des Silberschnur Verlages erhalten Sie unter:
www.silberschnur.de

Natürlich können Sie uns auch gerne den
Antwort-Coupon aus dem beiliegenden
Lesezeichenflyer zusenden.

Ihr Interesse wird belohnt!